マンション管理は幻想か

山畑哲世 著

不磨書房

はじめに

　本書は，今までの私の著書からすると，ふざけていると誤解される方がおられるかもしれない。読みようによっては，マンション住民をバカにしていると憤慨される方もおられるであろう。しかし，あくまでマンション管理の「理想」と「現実」を述べたものであることをご理解いただきたい。

　マンション管理の「現場」では，本書では書けないような様々な問題や紛争が発生している。それは，様々な要因が重なりあって発生している場合が多い。その要因の1つとして管理会社の問題が大きいことを否定はしないが，管理組合側，特にマンション住民自身に問題のあることも多い。そのほんの一部を遠慮がちに紹介させていただいた箇所もある。

　マンション問題をめぐる争いにも一定の時代的性格があるが，現在は，区分所有者相互の争いの時代であるとの指摘がある。丸山教授（中央大学）の説に従えば，大まかに次のような時代区分ができる。
　①昭和40年代中頃…日照問題など新しい居住形式への近隣の拒否反応
　②昭和50年代初め…建物の瑕疵，欠陥をめぐる建設業者等との争い
　③その後…管理会社との争い
　④現在…区分所有者相互の争い
　「紛争当事者のパターン」を分類すると，次のようなものが考えられる（これは，例示的列挙である）。

はじめに

(1) 区分所有者　vs.　区分所有者
(2) 区分所有者A＋区分所有者B…　vs.　区分所有者E＋区分所有者F…
(3) 区分所有者　vs.　占有者
(4) 区分所有者　vs.　管理組合
(5) 区分所有者　vs.　理事会
(6) 理事会　vs.　理事長
(7) 区分所有者＋家族　vs.　理事会　vs.　区分所有者＋家族
(8) 理事会役員Aグループ　vs.　理事会役員Bグループ
(9) 管理会社　vs.　区分所有者
(10) 管理会社　vs.　占有者
(11) 管理会社　vs.　理事会
(12) 管理会社　vs.　理事長
(13) 管理会社　vs.　管理組合

　特に，紛争の割合が多くなっている「区分所有者相互の争い」の典型例は，上下間の騒音問題であろう。近隣騒音問題は，当事者間の問題であり，管理会社としては一切関与しませんと断ることもできるであろうが（会社の方針として，そのように対応している管理会社もある），マンション管理の実際の「現場」では，そうもいかない。管理会社，フロントマンまたは管理員が深くかかわることになってしまう場合も多い。しかし，騒音問題は，その音を騒音と感じるか許容範囲内と感じるかは個人差があり，騒音問題の当事者にとって完全な満足ということは，ありえない。場合により，何とかしようと頑張った管理会社フロントマンまたは理事会役員が，騒音問題の上下の当事者から責められるということにもなりかねない。そして，気がついてみれば，騒音問題の上下の当事者は，自分たち

には，まったく非はなく完全な被害者であると，他人事のように騒音問題を眺めているという構図もある（聖心女子大・升田教授も「他人任せの紛争」として同様な指摘をされていると思われる）。

　本書は当初「マンション総会における議論の構造」を中心として，「議論」の論理を解説する予定でいた。しかし，「マンション学」の基礎的研究テーマとしては，多少の参考になるかもしれないが，自身の能力不足からとてもまとめることはできないと考えている。このテーマに関しては以前から関心があるものの，多少の文献を読んでいる程度のレベルでしかない。

　ところで，マンション管理組合の理想状態は，次のようなものであろうか。

> **マンション共和国（ユートピア）**
> ・「エラスムス流」がマンションの全住民に浸透している。
> ・マンション管理の原点は，自主管理（自力管理）であり，また，自己責任であることを全住民が理解している。
> ・「マンション管理の文法」ルールブックが，総会・理事会運営のバイブルとして有効活用されている。
> ・マンションを「開かれた社会」と考え，建設的な対話ができる土壌がある。

　これを見ると，何のことかさっぱり分からない項目もあるかと思う。「エラスムス流」とは何か？「マンション管理の文法」ルールブックとは何か？

　その説明は，本文に譲ることにして，マンション管理の理想と現実をお読みいただければ幸いである。

はじめに

　いずれにしても，単に，現状がこうだからこれでよいのだと現状追認の姿勢ではなく，マンション管理の本来のあるべき姿を常に追求し続ける姿勢は忘れないようにしたいと思う。

　2004年3月

山畑　哲世

目　　次

はじめに

第1章　マンション管理適正化法により，何が変わったのか……1

1 マンション管理適正化法の成立 ……2
2 管理組合との「管理委託契約」は，自動更新されない ……3
3 管理会社も「弱肉強食」の時代 ……4
　●コンサル会社への反論 ……4
　●重要事項説明をすべき3つのパターン ……5
　●管理会社は，毎年管理委託料減額のリスクにさらされる ……7
　●管理委託料増額の可能性はゼロに近い ……7
4 管理会社の今後の方向——予見と展望—— ……9
　Column 1　●㈶マンション管理センターからの管理会社に対する攻撃？ ……10
　●マンション標準管理委託契約書は，あくまで参考指針である ……11
　●ある勘違いした区分所有者からの攻撃 ……11
　●管理組合の努力義務 ……12
　●マンション住民の自助努力も必要 ……13

目　次

第2章　マンションにおける「困った人」のタイプ ……15

1　「困った人」たちとのつきあい方 ……………………………16
2　「困った人」のタイプ (1) ……………………………………18
　●総会・理事会にいる「虫」サンプル ………………………18
　　①自己虫，②おじゃま虫，③スモーキング虫，④支離滅裂虫，⑤攻撃虫，⑥癒し虫，⑦ストレス虫，⑧理屈虫，⑨一見正論虫，⑩自己陶酔虫，⑪アンケート虫，⑫怖面虫，⑬以前はこうだった虫，⑭値下げ虫，⑮相見積り虫
3　「困った人」のタイプ (2) ……………………………………24
　●タイプに応じて冷静に ………………………………………24
　　①シャーマン重戦車タイプ，②狙撃手タイプ，③爆発手タイプ，④不平家タイプ，⑤貝タイプ，⑥過剰同調タイプ，⑦否定タイプ，⑧ブルドーザータイプ，⑨風船タイプ，⑩決定回避タイプ
4　「困った人」のタイプ (3) ……………………………………29
　●タイプに分類すれば，ただの人 ……………………………29
　　①ハリネズミタイプ，②負け犬タイプ，③王様・女王様気取りタイプ，④気取り屋タイプ，⑤人食い人種タイプ，⑥ヒロインなりきりタイプ，⑦犠牲者タイプ，⑧物知り顔タイプ，⑨ゴシップ屋タイプ，⑩ああ言えばこう言うタイプ，⑪スカーレット・オハラタイプ，⑫仮面の人タイプ，⑬ジギルとハイドタイプ，⑭かまととタイプ，⑮完璧主義者タイプ，⑯大預言者タイプ，⑰泣き言屋タイプ，⑱罪悪感植えつけタイプ

目　　次

第3章　具体的なマンション管理紛争事例 …………37

1　マンションの駐車場事故の事例………………………………38
2　管理組合は，免責されるのか…………………………………40
3　自動車の被害に対して保険金は支払われないのか…………41
4　被害を与えた犯人が不明でも支払われる保険商品はないのか………………………………………………………………42
5　マンションにおける土地工作物責任とは……………………43
　(1)　土地工作物責任の具体例……………………………………43
　(2)　土地工作物責任の根拠………………………………………43
　(3)　土地工作物の意義・範囲……………………………………44
　(4)　土地工作物の設置・保存の瑕疵……………………………44
6　管理組合総会で承認された議案を理事会が実施しない場合はどうなるか……………………………………………………44
　Column 2　●あなたは「いやし系」それとも「ストレス系」…46

第4章　マンション「総会」における「議論」の構造 …49

1　マンション管理の世界に「エラスムス流」はあるのか…50
　●エラスムス流とは……………………………………………50
　●和解への意志…………………………………………………50
2　マンション管理の「現場」から………………………………52
　●総会は役員つるし上げの場？………………………………52
3　総会における「議論」の構造…………………………………53
　（事例）「駐輪場の増設及び有料化」の議題に対しての各グループごとの意見………………………………………53
4　マンションの「理事会」・「総会」における「議論」のルール………………………………………………………………55

ix

5 「会議原則」 …………………………………57
[原則1] 議事公開の原則 …………………57
[原則2] 定足数の原則 ……………………57
[原則3] 組合員平等の原則 ………………57
[原則4] 1議事1議題の原則 ……………58
[原則5] 一事不再議の原則 ………………58
[原則6] 発言自由の原則 …………………59
[原則7] 討論1人1回・交互の原則 ……59
[原則8] 過半数の原則 ……………………59
[原則9] 現状維持の原則 …………………60
[原則10] 可とするかと諮る原則 …………61
[原則11] 表決は更正を許さざる原則 ……61

6 会議における「議長」の資格 …………………62

Column 3 ●「総会」における「議論」のルール確立をめざして ………………………………63

第5章 マンション管理紛争を考えてみよう …………65

1 マンション管理の心理学的考察 …………………66
2 マンションは「開かれた世界」ではなく,「閉じた世界」である …………………………………………67
3 非関与の規範 (norm of non-involvement) ………68
4 援助行動 (helping behavior) 傍観者効果 (bystander effect) ………………………………………………70
5 マンションをめぐる紛争の実態(1) ………………71

①多数当事者の紛争,②家族間の紛争,③他人任せの紛争,④党派的紛争,⑤非法律的な紛争,⑥人格紛争,⑦根絶困

難な紛争，⑧財産紛争，⑨複雑紛争，⑩未熟な紛争

6　マンションをめぐる紛争の実態(2)……………………75
①多数当事者の紛争，②家族間の紛争，③他人任せの紛争，
④党派的紛争，⑤非法律的な紛争，⑥人格紛争，⑦根絶困
難な紛争，⑧財産紛争，⑨複雑紛争，⑩未熟な紛争

7　紛争の具体的構造〜「近隣騒音問題—上下階の騒音」……78

8　マンション管理に関する論文の限界　…………………83

9　データー分析の注意点　………………………………84

10　マンション管理に関する論文紹介……………………85
(1)「近隣騒音紛争の処理過程—法の拡大と限界をめ
　　ぐって—」………………………………………………86
(2)「都市の公共性と法—マンションにおける生活と
　　管理—」…………………………………………………87
(3)『都市的紛争と法』………………………………………89
　●場当たり的業務になっていないか　………………………90
　●『都市的紛争と法』（概要）………………………………91
　●マンション管理問題処理の視角—対話・情報・合意
　　［法社会学的考察］…………………………………………97
　●マンション管理サービス商品の特性（参考）……………102

Column 4　●(お隣り)音鳴りさんどうしのエチケット　1
　　　　　　　—お互いに音への気配りを〜特に上下階の
　　　　　　　「生活騒音」に配慮を　………………………104
Column 5　●(お隣り)音鳴りさんどうしのエチケット　2
　　　　　　　—「近隣騒音問題」……………………………105

第6章 マンション標準管理委託契約書の改訂概要について ……109

1 マンション標準管理委託契約書が公表された ………………110
2 委託業務全体の内容を理解しよう ………………………110
3 改訂のポイントはこれだ ………………………………112
4 改訂のポイントを概説しよう ……………………………114
Column 6 ●区分所有者の団体の形態,性格,目的および目的の範囲の限界(1998.2.27作成) …………123

資料
●マンションの管理の適正化に関する指針(平成13年8月)……127

第1章

マンション管理適正化法により，何が変わったのか

第1章 マンション管理適正化法により，何が変わったのか

1 マンション管理適正化法の成立

　不動産業界には宅建業法があり，業者は悪いことをするものであるという考えのもとに悪いことができないよう宅建業法は毎年といってよいほど改訂されています。具体的な規制内容に関しては，まだまだ不十分な面がありますが，この宅建業法が一応の歯止めとなっています。

　一方，マンション管理業界には宅建業法のような法律があったかというと，驚いたことにまったく存在しなかったのです。そこで，新規参入がたやすい業界であり，経営基盤のあやしい会社や杜撰な管理をしている会社であっても，一応管理会社として通用していたのです。しかし，トラブルが多かったため（例えば，管理会社の倒産により管理組合の管理費等が差押えられる，管理委託契約を締結していない等），平成12年12月8日にマンション管理適正化法が成立し，同法が平成13年8月1日に施行されました。このことにより，はじめてマンション管理業界に対して，宅建業法のような業者を規制する法律ができたといえます。

　この法律により，マンション管理の専門家として「マンション管理士」「管理業務主任者」という2つの新しい国家資格が創設されました。マスコミ等では，マンション管理士のことばかりが話題になるようですが，マンション管理会社に対して厳しい規制がかけられていますので，その内容を確認することも重要です。今までは，多くの管理組合が管理会社に管理を委託していますがトラブルが多いため，管理会社を登録制として監督し，義務を課し，管理の適正

化を図ろうとしています。以下では、主に管理会社の視点からマンション管理適正化法に関連する問題を取り上げることにします。

> [**管理業者の義務**]
> ① 国土交通省への登録の義務
> ② 委託契約を締結する前に、管理業務主任者による重要事項の説明
> ③ 契約内容を記載した書面の交付
> ④ 管理実績、財務諸表等の情報開示等
> ⑤ 修繕積立金を管理組合理事長名義とする等の分別管理
> ⑥ 管理事務の報告

2 管理組合との「管理委託契約」は、自動更新されない

　マンションの管理委託契約に係る標準的な管理委託契約の指針として、これまで「中高層共同住宅標準管理委託契約書」(昭和57年版)が活用されてきました。しかし、マンション管理適正化法の施行に伴い、大幅な見直しがおこなわれ、今般国土交通省より「マンション標準管理委託契約書」(平成15年4月)として示されました。改正のポイントは「自動更新条項」を削除したこと、出納業務に係る財産の分別管理を詳細に規定したこと等です。

　このような事情もあり、管理会社としては、①マンション管理適正化法に基づき重要事項の説明を行うこと、②標準管理規約に準拠している場合は、総会の議題として管理委託契約締結の件を上程することの①および②を原則として、毎年行う必要があります(法律

上の規定はありませんが，管理委託契約期間を1年間としているケースが多いと思います。)。

良好な管理を実施していれば心配することはないのですが，管理内容に不備がある場合は，①現在の管理委託料に見合った仕事をしているとは思えないので，管理委託料を相当な幅で減額してくれたら契約を更新する，②現在の管理委託料が高いので他社管理会社からも見積りを取り検討するということにもなりかねません。最悪の場合には，管理会社の変更ということになります。

3 管理会社も「弱肉強食」の時代

他社でいい加減な管理をしているマンションがあれば，それをひっくり返して自社で管理受注しようと中古マンション受注の営業を強化している管理会社もあります。管理会社も親会社から黙っていても物件が回ってくるような牧歌的な時代は去って，今は冬の時代（例えて言えば「食うか，食われるか」の弱肉強食の時代）であるということを認識する必要があります。

●コンサル会社への反論

重要事項説明のたびに，管理会社は管理委託料減額のリスクにさらされることになります。マスコミでは，管理費・管理委託料減額の方法等の特集記事が目立っています。管理費減額交渉を請負うコンサルタント会社も登場しています。いわく，「私共にご相談いただければ100％減額できます。」と。それは，その通りでしょう。他社管理会社も新規物件受注のためには，自社の収支ギリギリの見積書を出します。現在の管理会社よりも高くなることは，ほとんどあ

3 管理会社も「弱肉強食」の時代

り得ません。コンサル会社は、数社から見積りを取り、原則として管理委託料の一番安いところへ決めることになるでしょう。そして、減額した分の何割かを成功報酬としてもらうのです（その割合は、30％、50％等いろいろあるようです）。この点もあるので、一番安い金額を提示した管理会社がよっぽどいい加減な会社でないかぎり、コンサル会社も一番安いところへ決めた方が収入が増えます。これは、他人のフンドシで相撲をとるような非常においしい話です。一度この味をあじわうと忘れることができません。コツコツと地道に努力し、薄利を得る商売が馬鹿らしくなってきます。現に、手堅い公務員という職業についているときに、この減額交渉の味を覚えたために忘れられず、本業を止めて管理委託料減額コンサル商売を始めた者もいます。しかし、はたしてこれでいいのでしょうか。現在の管理会社を変更する必要性はどの程度あるのでしょうか。現在の管理会社と精一杯の交渉はしたのでしょうか。その成果は、数年後でなければ分かりません。単年度では、管理委託料が数十万円から数百万円減ったと喜んでいても、そのツケが数年後に思わぬところに現れてくるかもしれません。管理会社も管理委託料を安くするためにどこかで手を抜かなければなりません。それは、目に見えないところです。いずれにしても、その成果は、数年後でないと正確には分かりません。

　一般的に、大手管理会社であれば、管理戸数のスケールメリットによって管理委託料を相当な幅で減額できるとは思いますが、現場での対応は事務的になってしまうという面もあります。管理委託料や管理会社の規模も考慮すべき重要な点ではありますが、管理内容の良し悪しは、「管理員」及び「フロント担当」の能力によって雲泥の差が出てくることは明確に言えることです。

● **重要事項説明をすべき3つのパターン**

　マンション管理適正化法の施行により，管理会社には管理委託契約を締結する前に重要事項を説明することが義務づけられました。重要事項を説明すべき場合として，次の3つのパターンが考えられます。

① 新規に管理委託契約を締結する場合

　　原則として，管理組合から管理事務の委託を受けることを内容とする契約（管理委託契約）を締結するときは，あらかじめ管理会社は重要事項を全区分所有者及び理事長に「説明会」を開催して説明する必要があります。ただし，例外として，新築マンションの工事完了の日から1年以内に契約期間が満了する管理委託契約の場合には，重要事項の説明は不要となります。

② 同一条件で管理委託契約を更新する場合

　　この場合は，重要事項を理事長に説明するだけでよく，全区分所有者を対象とする「説明会」は開催しないでよいことになります。

③ 条件を変えて管理委託契約を更新する場合

　　この場合は，①新規に管理委託契約を締結する場合と同様な扱いになります。

3 管理会社も「弱肉強食」の時代

●管理会社は，毎年管理委託料減額のリスクにさらされる

このように，管理会社には，重要事項の説明が義務づけられています。②のパターンでは，重要事項を理事長に説明するだけでよく，全区分所有者を対象とする説明会は開催しないでよいことになっております。この場合は，管理会社として減額されるリスクは少なくなると思うかもしれませんが，必ずしもそうではありません。この3つのパターン全てについて，全区分所有者に重要事項説明書を交付しておく必要があり，また，原則として，毎年の総会で管理委託契約締結の件を議題としてあげる必要があるからです。

総会の場では，管理委託料を減額しなければ契約を締結しない，または他社からも相見積りを取るべきである等との意見が出ることは当然予想されます。大方の総会出席者は，現状のままでよいと思っていても，総会の場で「このご時世に，減額するのは当り前である。他社からも相見積りを取って理事会として減額交渉すべきである」等一人の方が声高に主張すれば，無視することもできず，管理会社として，いくらかなりとも減額せざるを得ないことになります。

●管理委託料増額の可能性はゼロに近い

逆に，現在の管理委託料では，会社としての収支が苦しい（赤字）ので，なんとか管理委託料を増額してもらいたいとの管理会社の主張が認められる可能性はどの程度あるのでしょうか。残念ながら，マンション管理適正化法施行後は，増額の可能性は0％に近いと言わざるを得ません。現在の理事会役員が増額の必要性を認めて総会に管理委託料増額承認の件を議題としてあげたとしても先に述べたように総会の場では，減額すべきであるという一人の大きな声により，議題が否決されるでしょう。良くて，継続審議となるぐら

いでしょう。また，管理委託料増額の場合は，管理組合にとって不利な内容での契約となりますので，この場合は，新規に管理委託契約を締結する場合に準じて，全区分所有者を対象として管理委託契約内容の**重要事項説明会***を開催しなければなりません（実務上は，総会開催日に合わせて行うことが多い）。この場合でも，「このご時世に増額するとは何ごとか。収支が苦しいのであれば，そのツケをわれわれ住民へまわすのではなく，管理会社としてもっと企業努力すべきである。」等の意見がでることは，当然予想されます。なお，この重要事項説明会は，あくまで説明会であり，賛否を取る場ではありません。しかし，引き続き総会で賛否をはかるとしても，この場で反対論が噴出することは分かり切ったことです。場合によっては，増額を承認した理事会役員が裏で管理会社と取引しているのではないかと攻撃されるかもしれません。ですから，理事会としても管理委託料増額の件を総会にあげることに消極的になります。

*「重要事項説明会はマンション管理業者の開催する行事であり，管理組合の行事である総会のような2分の1以上の出席等の成立条件はない。また，あくまでも説明会なので，賛否を決めるものでもない。ただし，管理委託契約の変更は総会決議事項なので，実務的には，区分所有者が毎回集まるのも大変であり，説明された内容の記憶が薄まらないうちに総会にはかるのが望ましいので，重要事項説明会後，総会に移行するのが一般化するものと思われる」（マンション管理センター編著『マンション管理のQ&A』オーム社，平成14年，76ページ）。

4 管理会社の今後の方向──予見と展望──

　このような事情から，管理会社にとっては，管理委託料を現状維持で更新していただくのが精一杯であり，毎年減額のリスクにさらされる，ということがほぼ確実に言えるのです。

　このような状況をすでに予見しているマンション管理研究所所長米倉喜一郎氏の次の発言が注目されます。

　「分譲マンションの管理手数料についていえば，1986年のアメリカ視察時に，収益性の低さからマンション管理業から撤退した　会社がニューヨークで5社あると報告された。1994年の京都で行われた集合住宅国際フォーラムにおいてアメリカ CAI（Community Association Institute）元会長デビッド・w・ギボンズ氏は「1年ごとに契約が更改され，競争入札で価格が下げられ，収入不足を工事請負で補おうとする傾向は憂うべきであり，管理の質向上は覚束ない」と述べている。分譲マンションの管理をめぐる傾向についてはわが国と欧米とで共通している面とそうでない面とがあるが，適正化法や建替え円滑化法の施行は，わが国のマンション管理業が今後どうあるべきかを再認識する契機でもあろう」（米倉喜一郎監修『マンション管理上級論点大全』マンション管理新聞社，平成14年，45～46ページ）。米倉氏は，その他にも同書の巻頭論文「マンション管理　その歴史と展開軸」の中で，わが国の今後のマンション管理業のあるべき方向について鋭い意見を述べています。

第1章 マンション管理適正化法により,何が変わったのか

Column 1

●(財)マンション管理センターからの管理会社に対する攻撃?

　マンション管理センター発行「マンション管理センター通信」(平成15年8月号)では,「理事長のための管理委託契約書講座」の記事が連載されています。その一部を紹介しますと,管理会社にとって手厳しい内容となっています。

- まず,管理会社に「この契約書は,新しいマンション標準管理委託契約書に準拠していますか」と聞いてみましょう。管理会社によっては,準備が間に合わず,まだ改訂前の旧標準管理委託契約書の様式で契約書を作ってくる場合もあるようです。
- 内容を変えている部分や抜けている部分について「どこがどのように違うのか」「その理由は何なのか」を管理会社に納得できるまで確認しましょう。
- 管理委託契約の更新は総会承認されていますか? 適正化法施行によって,管理委託契約の自動更新は実質的にできなくなりました。したがって,規約が標準管理規約に準じていると,契約更新時には,その都度,総会承認が必要です。
- 通常総会で承認後に管理委託契約の更新ができるような契約期間になっていますか?
- 管理委託契約更新が総会で承認されなかったら? 総会で契約更新の承認を得ようと思っても,総会で反対意見が続出し,承認を得られない場合もあります。総会で「別の管理会社とも比較検討するべき」「管理委託費の減額を」「管理の内容に不満がある」等の意見が出ることも少なくないようです。

4 管理会社の今後の方向──予見と展望──

　読みようによっては，現状通り管理委託契約を更新するような理事長はダメですよ，更新の件を総会であげる場合には，他の管理会社の見積りも取りなさい，とマンション管理センターが積極的にアドバイスしているようにも読めます。

　しかし，この記事は，一般のマンション組合員が読むと誤解する点を含んでいますし，現に，民間のマンション管理団体にもこのことを誤解した発言が散見されます。

●マンション標準管理委託契約書は，あくまで参考指針である

　確かに，今回マンション標準管理委託契約書が国土交通省から発表されましたが，この標準管理委託契約書は，あくまでもマンション管理適正化法73条書面の参考として作成されたものです。必ずこれを使いなさいということではありません。逆に，全管理会社がこれと同一の管理委託契約になると，管理会社として個性のないものになってしまいます。管理会社としては，一応，標準管理委託契約書をベースとしながらも，「やること」「やらないこと」をできるだけ具体的に委託契約書の中で，誤解のないように記載しておくべきかと思います。標準管理委託契約書の中で不必要な部分は削除してもよいし，逆にオプションでやる業務については，具体的に記載しておくべきでしょう。

●ある勘違いした区分所有者からの攻撃

　ある区分所有者から，理事会役員宛に次のような文書が一方的に送られてきました。

　「管理会社の管理委託料の比較検討は，管理組合理事会の責務であり，万が一管理会社を入札等により比較検討せず，現状の管理会

社と自動更新になった場合は誠に遺憾ながら理事会役員の方々を背任罪（刑法第247条）で刑事告発も検討しなくてはいけません…」

これは，冗談ではなく実際にあった話なのです。理事会としては，無視しようとも考えましたが，当人に対して次のような回答をしました。

「これを読むと，現在の管理会社を何としてでも変更したいという貴殿の意思が読み取れます。しかし，管理委託契約はお互いの高度の信頼関係から成り立っており，また管理の継続も重要です。貴殿の論理からすると，全国のほとんどの管理組合は背任罪で訴えられるということになりますが，比較検討した結果，現在の管理会社と管理委託契約を更新することもあり得る話であり，このことから背任罪になるとはいえないと思います。」

●管理組合の努力義務

マンション管理適正化法では，管理組合の努力義務も課されています。マンション住民はこのことを忘れてはいけません。そもそも，区分所有権は個人の財産であり，所有権としての物権です。したがって，マンション住民は自己責任のもと，原則として自分たちでマンションを維持管理しなければならないのです。

ところが，これはマンション管理特有の事情かもしれませんが，管理を専門とするマンション管理会社に委託している割合が全国のマンションの約85％を占めています（建設省［現国土交通省］による平成11年度調査では，全部委託70％，一部委託15％）。

ある程度の規模のマンションですと，エレベーター，貯水槽，消防設備，機械式駐車場等が設置されており，それの維持管理は専門的な知識と資格がないと難しいことになります。そのために，ほと

んどのマンション管理組合がマンション管理を専門とする業者へ管理を任せています。しかしこのことにより，マンション住民はすべての管理を管理会社に任せているのだから自分たちは何もやらないくてよい，それだけの高い管理委託料も支払っているのだからと考えてしまいます。しかし，これは大きなまちがいです。

●マンション住民の自助努力も必要

　管理会社が管理組合から管理を委託されているのは，原則として共用部分であり，専有部分は自己責任のもとに管理しなければならないのです。具体的な管理会社の業務内容は管理委託契約書および同書に添付された仕様書によることになります。管理会社の立場からすれば，契約書に入っている作業項目は確実に実施しなければなりませんが，契約書に入っていない作業項目であれば，明確に断ればよいはずです。ところが，実際はそうもいかない。管理会社は契約書に入っていないにもかかわらず，無償で実施しなければならない項目も多く存在するのです。これは管理の「グレーゾーン」と言われる部分です。一般的に，契約書にない作業項目を明確に断る管理会社に対しては何もしてくれないという評価になります。なんでもしてくれるのが良い管理会社という評価になるという悲しい現実がそこにはあります。

第2章

マンションにおける「困った人」のタイプ

第2章 マンションにおける「困った人」のタイプ

1 「困った人」たちとのつきあい方

　マンションに限らず，私たちの回りには「困った人」が必ずいます。そんな人の犠牲になる場合もあります。特にマンションでは，多様な人が生活しています。しかしながら，ある一定の方向に「合意」をとりつけなければならない場合も多く，そのため「困った人」だといって放っておくわけにもいきません。

　例えば，大規模改修工事，建替え工事，規約改正問題，修繕積立金の改定等はそれなりの賛成数が必要です。

　その合意の場は，総会ですが，「困った人」は建設的な意見よりは，批判のための批判やマイナス発言を繰り返すばかりです。その他大多数の組合員が賛成したとしても，その「困った人」のために，物事が決められない。問題を先送りしたために管理組合が取り返しのつかない損失を受けることもあります。

　「困った人」は，マンション管理組合の組合員の中にいますが，この人はいろんな立場で登場します。一組合員の場合，理事会役員の場合，前期理事会役員の場合，現理事長の場合等。特に問題なのは「困った人」が現理事長の場合です。「管理組合では執行部たる役員が定期に交替しているが，役員としての自覚に欠ける者，職務権限を誤解する者等により，管理組合運営に混乱をきたしている実態がある。加えて，管理の専門家と称して混乱を助長する者も出現している。」（管理協12-208号より）

　また，大変お話しずらいことですが，精神異常者への対応という問題もあります。会社のリストラ等によりアル中になった方，痴呆症のお年寄の方，ある特定の住民に対して執拗なまでの嫌がらせを

1 「困った人」たちとのつきあい方

繰り返す方等々です。これは，管理会社として避けて通ることのできない問題ですが，その対応は非常に難しいものです。業界紙であるマンション管理新聞でも記事の特集があったぐらいです。さて，精神異常者への対応はどうしたらよいのでしょうか。結局のところ，各ケースにより対応が異なりますが，渋谷喜一著『分譲マンション管理・管理組合との対応の実務マニュアルと書式文例集』（環境企画，平成9年，303ページ）が指摘するようなことになることもあります。

「身内を探して精神衛生法の措置入院（身内の人が役所と相談して，本人に病院に入ってもらう）をしてもらうのが一番よい。まず弁護士に相談して，戸籍をたどって身内を探すことである。そのような人は，病院でもトラブルを起こすから，慣れてきてわがままが出てくる頃になると，退院させられて，別の病院に引き取ってもらうことになる。社会的適応力のない人を，どこがどうやって人間らしい暮らしをさせてあげるかは社会問題であって，マンション管理での解決能力を超えている。最初は管理会社も正義感から何かと面倒をみてあげたいと考える。しかし，マンション住民は結構わがままだし冷たい。解決すれば「ありがとう」で終わりだが，なかなか解決しないと管理会社で弁護士を雇うかどうかして解決しろと解決責任を負わされてしまうことになる。」

ここでは，マンションの総会・理事会における「困った人」を主にとりあげることにしましょう。

第2章 マンションにおける「困った人」のタイプ

2 「困った人」のタイプ（1）

　マンションの「総会」等の場では、あらゆる種類の「自己虫」を採取できます。以下は、筆者が今までに出席したマンションの総会・理事会で採取した「サンプル」です。しかし、あらかじめお断りしておきますが、一応筆者の体験をもとに作成していますが、事実そのままではなくフィクションを加えて修正しています。現実には、このサンプルを超える、あるいは、まったく手に負えない自己虫が無数に存在しています（悲しいことですが、増加の傾向にすらあります）。一応、パターン別にサンプルを示しただけでも、彼らからの攻撃に対して事前準備するための多少の参考にはなるものと思います。

●総会・理事会にいる「虫」サンプル

❶ 自己虫　　このサンプルは多過ぎるので、ほんの数例を紹介するにどどめる。

（a）マンション敷地の駐車場増設の件が議題であるにもかかわらず、現在自分が契約している駐車場使用料が高いので半額に減額しろとの主張のみを繰り返す自己虫。

（b）現在止めてはいけない場所へバイクを止めているが、今回の駐車場増設工事によって邪魔だから移動してほしいと言われても無理だから、予め容認してほしいと、自分の都合ばかり主張する自己虫。

（c）今回の駐車場増設工事により、駐車場ができると通行人により、部屋を除かれるのでプライバシーへ配慮して目隠しを設置して

ほしいと要望する高層階の自己虫。

(d) 今期理事会役員が管理費滞納者に対して裁判等の法的手続きを取り，回収に努力したことはある程度評価する。しかし，次期は自分が役員になる。場合により，理事長に当たるかもしれない。その場合は，原告として自分の名前を訴状に記載することになるが，それは勘弁してもらいたいとお願いする自己虫。

❷ おじゃま虫

ある人が意見を述べている途中で，話に割り込んでくる虫。ご本人はまったく悪気はないが，自分自身がおじゃま虫であることをまったく分かっていない。総会の議題とは，全く関係ないゴミ出しのマナー等の問題を脈絡なく話しはじめ，本来の議題に関する審議が進まなくなる。そして，総会は，迷走をはじめる。

❸ スモーキング虫

常にタバコをくわえており，タバコのない生活や時間は考えられない。タバコが無いと情緒不安定になる。タバコがあると，気分がすっきりし頭も冴えて，仕事の能率がはかどると勝手に思い込んでいる。しかし，タバコを吸わない大多数の者にとって，この虫ほど迷惑なことはない。タバコが原因で肺ガンになろうと知ったことではないが，この虫は，周りのタバコを吸わない善良なマンション住民まで巻き添えにしてしまう。会議中ぐらいは，タバコを我慢してもらいたいが，周りへの配慮もなく，すぐに灰皿（場合により，マイ灰皿）を用意し，プカプカ吸いはじめる。タバコの大幅増税により，強制的に諦めてもらうしか救いようがないのかもしれない。

❹ 支離滅裂虫

総会の議題に対して，長々と自分の意見を述べるが，結局のところ議案に賛成なのか，反

対なのかはっきりしない。言っていることが、支離滅裂であり、聞いている方も、いい加減に話すことを止めてほしいと思っている。議長もあなたのおっしゃりたいことは、「○○ということですね。」と、要約することが不可能である。

❺ 攻撃虫

「お宅は、さっき○○と言ったが、納得できない。私に納得できる理由を示してもらいたい。」(周りが聞いていて十分理解できる説明があったとしても、ご本人は当然のことながら納得することはあり得ない。)「管理費の滞納者に対して遅延損害金を取るのは当り前のことである。なぜ、今期理事会役員はそれをしないのか。」「違反駐車に対して、警告文を車のワイパーへはさむ程度では対応が生ぬるい。違反駐車している者が悪いんだから、警告文をフロントガラスへ糊付けしろ。そこまでやってはじめて、効果がでる。」

❻ 癒し虫

マンションで発見されることは非常にめずらしい種類の虫である。この虫が総会等の会議に出席するだけで、まわりを和やかにする。また、強硬な反対意見の持主も、気づかないうちに賛成の方へ回ってしまう。しかし、とんと見かけたことはない。もしかすると、この癒し虫はマンション管理の世界に住むことができず、絶滅したのかもしれない。

❼ ストレス虫

いつもプンプン怒ってばかりいる虫である。しかし、そのストレスを総会で発散されたら周りは、非常に迷惑である。この虫の発散するストレスにより、周りの住民もストレス虫に感染してしまうから要注意である。その後、総会が日頃の不満発散の場となり下がってしまう。

2 「困った人」のタイプ (1)

❽ 理屈虫　枝葉末節的な部分にああでもない，こうでもないと屁理屈ばかりこねまわす虫である。この虫は，総論賛成，各論反対である場合が多い。確かに，理屈虫の言うことは，理論的には理解できるが，それによって周りの住民が動くかは別問題である。往々にして，人は，理屈をならべて流暢にしゃべる者の意見よりも，ぼくとつなしゃべりで話しがうまくなくても，そのなかに真実や誠実さが感じとられるならば，そちらの方に従うものである。

❾ 一見正論虫　一見まともな議論を述べているように見えるが，よく聞いてみると，自己中心的な筋の通っていない議論を展開する虫。ある組合員に来客があり，エントランスに数台の自転車を止めていたので注意したところ，逆に日頃の駐輪場の管理がなっていない。夜間も駐輪場は自転車であふれかえっている等々反論してくる虫。この虫は，自分の非は非と認め，夜間の駐輪場の整理等自分達でやるべきこともあるのだということを理解していないようだ。

❿ 自己陶酔虫　最初は，ゆっくりとマンション住人のマナーの悪さをしゃべりはじめる。駐車場以外への無断駐車が多いこと，駐輪場のマナーが悪いこと，共用扉を開けっ放しにしており防犯上問題のあること等々。この虫の話は延々と，そして，段々と早口になりながら続いていく。(総会は，日頃の不満のはけ口ではないので，そろそろ止めてもらいたいと周りの方が思いはじめる。)お宅は，何が言いたいのか。不満ばかり，他人事のように並べないで，このような問題があるので自分も一緒に理事会役員にも協力しながら対応したいとなぜ言えないのか。

第2章 マンションにおける「困った人」のタイプ

⓫ アンケート虫

何事をするにも，理事会役員だけで決定するのは不安であり，あらゆることを全住民を対象としたアンケートの結果により判断しようとする虫。逆に，総会で決議すべき事項であっても，アンケート結果で賛成が多ければ，実行できると誤解している。しかし，この虫は，アンケート調査をするといっても，質問表の作成や回答の集計等の大変な作業があることをあまり理解していないようである。また，毎回アンケートを配布されるマンション住民もたまったものではなく，アンケートを実施する度に回収率が悪くなっていく。

⓬ 怖面（こわおもて）虫

自分の気にくわない意見を述べる住民を睨みつけて，まさにその怖面で威圧する虫。この虫は，特に声が大きいことも特長のひとつである。この虫の仕返しを恐れて，周りの住民はほとんど発言をしなくなってしまう。

⓭ 以前はこうだった虫

「私が理事長のときは，月次の収支報告もすべて掲示板へ掲示することになっていた。なぜ，今期役員はそれを継続して実施しないのか」（管理費滞納額が表示されており，また，掲示板は，マンション住民だけが見るとは限らない。そのようなことも配慮して，今期理事会では廃止した。）「以前は掲示していたんだから，今後も継続すべきだ。」この虫の話はさらに続く。以前は，○○だったが，これもどうして変更したのか等々。

⓮ 値下げ虫

「このご時世，値下げするのが当然だ。去年と同様な管理委託料で管理の継続をお願いしたいとは，どういうことだ。」と主張する管理会社泣かせな虫。駐車場

使用料が高いので半額に減額しろと総会の度にそれだけを主張し続ける虫もいる。

❻ 相見積り虫

1社だけではなく，数社から見積りを取って一番安いところへ発注すべきである。自分の知り合いの業者がたくさんいるから，そこからも見積りを取ってもらいたいと主張する虫。相見積りという考えは正しいが，ただバラバラに見積りを取っただけでは混乱もある。その場合は，共通仕様書・条件のもとに見積り内容を比較できるようにすることも重要である。

第2章 マンションにおける「困った人」のタイプ

3　「困った人」のタイプ (2)

　人間の性格は様々であり，1つのタイプに当てはめることは難しいものです。様々なタイプを合わせ持っているのが人間なのです。しかし，各タイプごとに単純化することにより，対応を考えることもできますので，参考になる点も多いかと思います。マンションは人間が集団で集まって住むことから発生する様々な問題を抱えています。マンション法に関するうわべだけの知識では，対応はできません。そのためには，人間を知ること，他人への思いやり，他人との「対話」を粘り強く地道に継続していく必要があります。「困った人」との粘り強い対話により問題が解決することもありますが，話してもまったく分かってもらえない人もいます。これは非常にストレスのたまる業務でもあります。このときに，自分を第三者の視点から見ることや，熱くならないで冷めた目で見ることも必要です。

●タイプに応じて冷静に

　（以下は，ロバート・M・ブラムソン著「『困った人たち』とのつきあい方」河出書房新社，1997年より引用）

❶「シャーマン重戦車タイプ」
　シャーマン重戦車タイプは，おそらくいつも肉体的に突進してくるわけではないが，その行動全体が「攻撃」を表している。彼らは，手に負えない敵のようであり，口ぎたなく，ぶっきらぼうで脅迫的であり，最も重要なことは，その圧倒的なすさまじい態度である。彼らは独裁的で傲慢な口調のことが多い。あなたの言行を

3 「困った人」のタイプ (2)

非難する時,彼らはあなたの特別な振る舞いばかりでなく,あなたの人格まで非難し攻撃する。彼らは自分の犠牲者となったあなたを軽蔑し,いじめられ見下げられても当然の劣等者だと考えている。

❷「狙撃手タイプ」

シャーマン重戦車タイプと同じように,狙撃手タイプは,他の人々がどのように考えて行動すべきかについて,非常に強い期待感を持っている。彼らはどちらも,自分自身の個人的な目標を妨げる問題を解決するためにはどうすべきかについて,確固たる意見を持っている場合が多い。だが,彼らは「自分は誰よりも優れている」という態度によって,他の人たちの物事を見る姿勢に干渉することになりがちである。

❸「爆発手タイプ」

このタイプの特殊な行動を見ると,いわゆる大人の癇癪持ちのことだと分かる。子供にありがちの挫折感を抱いて人を傷つける時の怒りに似て見えるからである。大人の場合は,癇癪の発作はほとんど自分で統制できないような怒りに満ちたものすごい攻撃になる。

❹「不平家タイプ」

① 不平家タイプは問題を正しく指摘するが,問題解決の方法になると相手からなだめられてしまうか,あるいは守りの姿勢に入ってしまうことになる。不平家タイプが建設的に問題を解決できないことに自分で欲求不満を覚えるのは間違いないが,それは自滅的である。その結果はさらに不平を言う結果に終わるからだ。

② 不平を言うことは,自分で自分の運命を決める力はないと感じる人々にとっては,唯一自分にできうる行為だと理解できる。つまり彼らは,自分の身に起こることは,他の人たちの愛情か憎悪が

原因なのだと信じている。

③　不平家タイプは，他の人の取るべき行動についてことさら意識し，その人たちがそうしない時には，自分の感情を表に出す出さないかは別にしても，心から怒りを覚える。

④　不平を言うことは，事がうまく運ばない責任が自分自身にはないことを確認する確固たる根拠となるので，常に自己を正当化することになる。

❺「貝タイプ」

①　貝タイプ人間とは，あなたが話してもらいたい時に，話さないか話せない人で，黙ってしまい反応しない人である。

②　沈黙や無反応の理由を理解するのは難しいことが多い。

③　したがって，主な対処法は話をさせることである。

❻「過剰同調タイプ」

①　好かれたいとか受け入れられたいという気持ちが強い。

②　相手に受け入れられるには効果のある方法なので，自分は好かれているとか受け入れられているとかという気持ちに相手をさせる。

③　このタイプの人が扱いにくくなるのは，人と友好的にやっていきたいという自分の要求が現実と相容れない時だけである。

④　彼らは，人に直接嫌われたり拒否されたりするよりも，むしろ自分が実行できなかったり実現するつもりのない行動を，実行すると約束してしまうのである。

3 「困った人」のタイプ (2)

❼「否定タイプ」

①　否定タイプの人というのは，時として個人としては能力があるのに，自分に関係のない仕事はどれも失敗するとい根強い確信を持っている人のことである。

②　彼らの否定的態度は，他の人が問題を解決しようとかやり方を改善しようとする時，現れてくる。

③　彼らは，権力を持つ人たちというのはもともと他人のことに無関心であるか，自分自身のためになることしかしないと信じているので，否定的な意見を確信をもって述べる。

❽「ブルドーザータイプ」

①　彼らは，ごく普通の専門職と同じように，情報と知識を蓄積して秩序だてることが，何とも気まぐれなこの世界に，安定性を与えると強く信じている。

②　彼らは，自分の人生に影響を与える力は自分自身にあると信じているので，他人のアイデアや考え方は，自分の目的には当てはまらないと見がちである。

③　親が子どもに対してかざすのと同じような強権の特徴が，優越感と確かな知識の両方に結びついていると考えるようになる。

❾「風船タイプ」

①　専門家である振りをして，人の称賛と尊敬を得ようとする。

②　知らないことまで自分が話しているということを，部分的にしか気づいていない。

③　好奇心の強い人が多く，情報には気をつかっている。しかし，

この好奇心によって集めた大まかで不十分な情報が，状況を正確に申し分なく伝えるものであると主張する場合に，初めて問題となる。

❿「決定回避タイプ」

①　決定回避タイプは，他人に迷惑をかけるかもしれないのに決定を先延ばしするような，親切すぎて優柔不断なタイプである。

②　時間が経つにつれ，決定すべきもののほとんどを先送りしてゆけば，いずれすぐに決定しなくてもよくなるので，このやり方が「うまくいく」ことになる。

③　彼らは正直であることと，誰も傷つけたくないという気持ちの板挟みから逃れるために，回りくどい話し方をする。

4 「困った人」のタイプ (3)

●タイプに分類すれば，ただの人

（以下は，フィリップ・マグロー著『ライフストラテージ』きこ書房，2001年より引用）

❶「ハリネズミ」タイプ

このタイプの人は，けんか腰であるように見える。どんな状況にも攻撃されるのを覚悟して挑む。自分の周囲で起こるどんなことにも難癖をつけてやろうと決めている。そのときの状況に関係なく，あらゆる行動や発言を自分個人へのあてつけとすぐに解釈する。このタイプの人はとげとげしている。彼らに近づこうとするのは，ハリネズミを抱きしめようとするようなものだ。このため，彼らに関わろうとする人がいたとしたしても，距離を置いた関係になる。「ハリネズミ人間」と触れあうのは，双方にとってマイナスだと世間は認識している。このタイプの人間はたいてい，周囲の人々が冷たいと不平を漏らす。他の人のよそよそしい態度に，彼らは戸惑う。「ハリネズミ人間」は，自分がそういう態度をとっていることにも，人々は単に自分と同じような反応を返しているだけであることにも気づいていないように見える。

❷「負け犬」タイプ

わたしたちはみな，虐待されてきたせいで，人が近づくと伏せて仰向けになり，脚を宙に突き出して，無防備な姿勢になる犬を見たことがあるはずだ。人間のなかにも同じような振る舞いをする人がいる。「わたしのせいだ。わたしがへまをしたんだ。わたしは鞭打ちの刑に値する。

第2章 マンションにおける「困った人」のタイプ

だから，鞭打ちの姿勢をとらせてくれ。」このタイプの人間は，どんな場合にも，鞭を打つ人と鞭で打たれる人がいることを承知しており，自分は鞭で打たれる側になるのを覚悟しているというメッセージを，世間に送っている。この手の人は，世間に自分を鞭打つよう促している。彼らは，世の中には序列があり，自分はその底辺にいると思っていることを，はっきりと態度で示している。世の中は喜んでこれを受け入れる。

❸「王様・女王様気取り」タイプ

これは，「おまえたちは無骨な人間で，たまたま運よくわたしという正真正銘の大物を前にしているのだ」というメッセージを，周囲の人間に送っている人間のことだ。この手のタイプは，自分のことを伝説的な人物だと思っている。彼（女）らは，周囲のみんなが興味つつであるかのように，自分の仕事や活動，自分の身に起きた出来事について話す。「王様・女王様気取り」の人間は傲慢でうぬぼれが強いと言っても，言い過ぎではないだろう。彼らは，宇宙は自分を中心に回っていると本気で思っている。これにたいして世間は怒りの反応を示す。家族や職場の人間は，表立たずに密かに攻撃的態度をとって，しばしば「王様・女王様気取り」の人間の妨害をする。たとえば，雨が降り始めても，車の窓が開いたままであることを，「王様・女王様気取り」の人間に教えてやらないといった具合だ。「王様・女王様気取り」の人間は，自分が死んだら人々が大喜びするようなことをしていることに，まったく気づいていない。

❹「気取り屋」タイプ

「気取り屋」は，デパートに展示されたマネキンのようなものだ。このタイプの人間は，考えられるもっとも浅はかな行動をとる。愚かさは美

4 「困った人」のタイプ (3)

徳であり，浅はかであることはすばらしいことであるように振る舞う。彼らの目標は，人より格好よく見え，それを相手にもわからせることだ。「気取り屋」は，ポーズを考え，心にもないのに自分を批判するようなことを言ってお世辞を引き出すことに，ほとんどの時間を費やしている。「気取り屋」を満足させようとするのは，底なしの穴を満たそうとするようなものだ。世間とうわべだけの関わり合いをすることにこだわっているために，「気取り屋」は，人と本物の親密な関係を結べない。

❺「人食い人種」タイプ

「人食い人種」には，一つの簡単明瞭な目標がある。すべての人とものを支配することだ。彼らは，相手との関係全般に支配力をふるう。「人食い人種」は，あなたが何を考え，どんな感情を抱いているか，あなたに教えてくれるだろう。彼らは，あなたや自分の周囲の人間を利用して，自分が望むものを手に入れようとするだろう。あなたや他の誰かが死んだところで，「人食い人種」はたいして困らない。かわりの人間を見つけるだけのことだ。この点，彼らは欲張りだ。こんな調子で世間と関わるので，「人食い人種」の対人関係は，まったく一方的だ。人々の彼らへの反応は，反抗や拒絶，憤りながら我慢するといったものだ。最終的に，「人食い人種」は，不満と孤独の人生を送る。

❻「ヒロインなりきり」タイプ

こういったヒステリー気質の人間にとって，自分の人生に起きることは，たとえありふれたことであっても，すべてふつうの出来事ではない。彼らが患う病気は，すべて医者が見たなかで最悪の病気になる。軽い接触事故は，彼らの口を通すとすべて恐ろしい衝突事故に替わる。彼らに向けられた発言は，彼らがこれまで聞い

たことがないほど優しく温かい言葉か,思いつくかぎりでもっとも無礼で悪意に満ちた言葉かのどちらかだ。このタイプの人は,ペンキが乾くのを見ても,そこからドラマをつくり出せる。彼らは,人にまったく信じてもらえなくなるような世間との関わり方をしている。周囲にいる人間はすぐに,彼らのヒステリー気質に気づき,何を言われても割り引いて聞く。どんな状況でも,人が「ヒロイン気取り」の言葉を真に受け取ることはない。彼らの経験の特徴は,もっぱら微笑んだりうなずいたりされるだけで,結局相手に受け流されてしまうことだ。

❼「犠牲者」タイプ

このタイプの人は,何事にたいしても責任を持たない。何が行なわれても,それは彼らが行ったわけでも,彼らとともに行なわれたわけでも,はたまた彼らのために行なわれたわけでもなく,彼らにたいして行なわれたことなのだ。彼らは,自分たちは人生という邪悪な列車にとらわれた捕虜であり,他の乗客はみな,自分たちを捕まえるためにいると思っている。「犠牲者」タイプの人間は,愚痴っぽく泣き虫で,人のせいにする。世間はすぐに,彼らの窮屈さに尻込みし,人間失格だと見なす。彼らの経験の特徴は,受け身で,よく管理されておらず,障害を乗り越えることができないことだ。

❽「物知り顔」タイプ

こういった「物知り顔」タイプの人間は,「知力は無力」の典型例だ。彼らはあらゆる状況を,こちらがほとほとうんざりするまで細かく分析し,自分が関わっているあらゆる状況,ひいては人生全般の本質を完全に見逃す。こんな調子で世間と関わっているので,知的な人間だが実際的ではないと見なされている。彼らの度を越した分析は人々をうんざりさせるため,「物知り顔」タイプの人間は,一般に

4 「困った人」のタイプ (3)

敬遠される。彼らの人生の特徴は，無味乾燥な生活を送っていることと，人との結びつきがないことだ。

❾「ゴシップ屋」タイプ

「ゴシップ屋」はいつも，「あなたにだけ教えてあげる」と言って，自分だけが知っている興味をそそる「事実」を，肩越しにあなたにささやく。彼らは，信用できない出しゃばりと思われている。世間は，「もし彼らがあなたに教えるつもりなら，いつか，あなたについても教える」ということを，すぐに察知する。人々は，最大限にガードを固めて接する。誰も，次の「極秘事項」発表会で話の種にされそうな情報は，彼らに教えようとしない。最終的に，「ゴシップ屋」は辱めを受ける。彼らは，再三にわたり，他人を犠牲にして人との絆や信頼や，親密な関係を手に入れようとして，自滅する。

❿「ああ言えばこう言う」タイプ

このタイプの人間は，直立歩行し，手を使うすべての動物のなかで，もっともいらだたしい生き物かもしれない。あなたが何を言おうと，どんな解決策を示そうと，あなたがどんな力添えをしようと考えていても，彼らの返事はいつも同じ。「ああ，でも…」と言ったあと，あなたの力添えでなぜうまくいかないか，数えきれないほどの理由を並べる。こういうタイプに遭遇すると，非常にいらだたしい思いをするので，人々は腐ったミルクを避けるように，彼らを敬遠する。このタイプの人間は，人に不満を与え，お返しに不満を与えられる。彼らは，世間との折り合いが悪い人生を送る。

⓫「スカーレット・オハラ」タイプ

このタイプの人間は，困難にぶつかっても，それ

に対処しようとしない。彼らは言う。「あした，考えよう」「あしたもあるさ」。世間はあきれて，こういった「スカーレット・オハラ」タイプの人間を無視する。彼らが非現実的で，ハンドルを握りながら眠っているのを見抜いているのだ。相手に人生の問題に取り組むつもりがなく，助けようとしても無駄だとわかるや，人々は努力をやめる。

⓬「仮面の人」タイプ

皮肉なことに，このタイプの人は，人生の「何か」を隠すことにエネルギーを注いでいるがために，かえって隠し事をしていることが見え見えになることが少なくない。だが世間が仮面の向こうにあるものを見ようとすると，引き下がって，あからさまな嘘をつく。当然，世間の人は，相手は見かけどおりの人間ではないという結論を下す。人に極端な不信感を抱かせるため，この手の人は成功できない。「仮面の人」にとって，意味のある関係を結ぶことは不可能といっていい。

⓭「ジギルとハイド」タイプ

名前からもわかるように，このタイプの人はまったく予測がつかない。自分の弱さをさらけ出しても大丈夫な相手だと思っていたら，翌日には，気持ちを打ち明けるにまったく値しない人間であることがわかるといった具合だ。人々は，「ジギルとハイド」タイプの人間が，そのうちに感情を爆発させることを知っている。そのため人々は不安と不信感を抱き，それが障害となって，世の「ジギルとハイド」たちは信じられないような問題を抱え込む。

⓮「かまとと」タイプ

現実の世界では，汚い心や不純な動機を持っている人もいる。けれども，「かまとと」タイプの人は，信じられないほどこの事実が見えてい

ない。賢明にならなければという気持ちはさらさらなく,ひたすら無邪気であろうと心に決めているかのようだ。彼らは,「しまった,畜生」とか「げえ！」といった下品な言葉を聞くともじもじする。あまりにも取り澄ました態度をとるため,人並みな人生を送れない。わたしが話しているのは,本当の道徳心を持った人のことではなく,自分や他人に極端で非現実的な基準を押しつけようとする人のことだ。

⓯「完璧主義者」タイプ このタイプの人は,自分は他の人と違って完璧であろうとする。こうした目標を持つことは美徳だと彼らは言う。彼らは完璧でないといけないのだ。実際,彼らの「伝道の言葉」は傲慢で,恩着せがましい。彼らは,あなたに完璧を期待してはいない。自分にだけ期待する。ゆえに,彼らに言わせれば,彼らはあなたよりもはるかに優秀な人間ということになる。「あなたには欠点があっても構わないが,わたしは完全無欠でなければならない」というのだ。だが,完璧な人間など存在しないので,このタイプの人はたえず挫折感を抱く羽目になる。彼らはけっして,自分が定めた基準に達しない。彼らの人生の特徴は,たえずふつうでは考えられないほど自己嫌悪に陥り,喜びを感じることがほとんどなく,「わたしは完璧主義者だ」と自慢することだ。世間はこう言う,「もっと人生を楽しめ」と。

⓰「大預言者」タイプ 世界は終焉に向かっており,このタイプの人にはそれがわかっている。職場や家庭,自分の対人関係,経済や天気といったように対象が何であれ,崩壊の日が迫っており,かならず恐ろしい事態になるというのだ。このタイプの人は,不安を抱き,切迫している。彼らは,手に汗かいて人生というゲームに参加する。彼らは,次々と危機を思い

つく。周囲は，彼らの芝居がかった態度にイライラしたり，うんざりする。

❶❼「泣き言屋」タイプ

このタイプの人にとって，適当なものは何もない。そう，何もだ。熱すぎるか，冷たすぎる。遠すぎる。疲れすぎる。難しすぎる。ことわざにあるように，この手の人は，「縛り首にされようというときにでも，『新しいロープを使うなんて』と文句を言う」。「誰も自分のことを気にかけてくれない」，「人生は公平じゃない」，「他のみんなと同じものを手に入れていない」，「わたしだけ違う扱いを受けている」などなど，とにかく愚痴ばかりである。このタイプの人間は，世間の風にあたるのは，厳しくて苦しい個人的試練を受けるようなものだと感じている。それにたいして周囲の人々は，彼らをひっぱたいて，「黙れ！それで我慢しろ！それよりまず，その口を閉じろ！」と怒鳴りつけてやりたいと思っている。

❶❽「罪悪感植えつけ」タイプ

このタイプの人間は，罪悪感は，人を意のままに操るための武器になるということがわかっている。彼らは罪悪感に訴えて，他人を押さえつける。彼らは，愚痴を言ったり，殉教者ぶったりするかもしれない。いずれにせよ，あなたは彼らを悲惨なまでに傷つけたわけであり，そのことであなたは，自分という人間，あるいは自分の考え方や感じ方にたいして罪悪感と羞恥心を死ぬまで抱き続ける。

第3章

具体的なマンション管理紛争事例

第3章　具体的なマンション管理紛争事例

1　マンションの駐車場事故の事例

　甲マンションでは、過去から再三にわたり、1階A氏の専用駐車場（管理規約では、当該駐車場は共用部分となっている）へ落下したと思われるプラスチック製品や玩具、金具がありA氏の自家用車を傷つけていました。落下物の発見都度、理事会として、マンションへの注意文書の掲示や配布を行ってきましたが、なかなか改善されません。そのために、A氏は、物理的対策（駐車場の屋根設置）を理事会へ要望しました。しかし、全住戸を対象にアンケート調査をしたところ、駐車場の屋根設置には反発が強いことが分かりました。

　主な理由は、

① 　個人の対策に管理組合が負担することに反対、
② 　意匠上反対、
③ 　管理組合で物理的対策を行う前に個人でカーシートをかぶせる等の予防策を実施すべきである等々です。

　理事会役員は、本件について再三協議しました。そして、理事会の結果（「駐車場の屋根設置の件」はアンケート結果をふまえて中止する）および調査の結果、管理組合加入の損害保険では犯人不明の「自動車」への被害については保険金は出ないし、管理組合も損害賠償責任を負わない旨をA氏へ伝えました。

　その際に、A氏から次のような主張がなされました。

〈A氏の主張〉

　自分は、「駐車場の屋根設置の件」は、賛成でも反対でもない。むしろ1階住戸なので、日が当たらなくなり、うっとうしいぐらい

だ。要は,事故があった場合にどうしてくれるのかを前から聞いている。保険でカバーできないのは分かっている。

例えば,今後事故があった場合に「理事会が全責任を負います」,または「管理組合が全責任を負います」というような文書を提出するというならば話は別であるが。あるいは,理事会の暗黙の了解のもとに対応するということを明確にしてもらいたい。事故があった場合の補償をしてくれなければ,今後事故があったたびにどうするのか困ることになる。

今後はマナーの徹底をはかります,といっても,今まで上階からハンガーや玩具が落ちてきたことがあったが,このマンションでは誰も名乗り出てこなかった。自分は数年も前から車の被害のことを指摘しているが,管理会社の対応は遅いし,何もやってくれない。自分としては,管理費の支払いを止めるし,管理会社の変更を提案するつもりだ。

〈理事会の返答〉

駐車場の屋根設置中止の件は,組合員の多数意見としてお伝えしています。

今後事故があった場合に「理事会が全責任を負います」というような文書は提出いたしかねます。逆に,A氏が理事会役員の立場だったらそのような文書が出せますか？（A氏は,出せるとの回答でした）。もし,今後落下物により自動車が傷ついたときに,落とし主が現れない場合はそのときの役員を加害者として,保険を使用し修理するのはどうかとの意見に対しましては,これは保険会社に対して虚偽の報告をすることになりますので問題があるし,詐欺になる可能性もあります。できるだけ

の協力をするつもりの場合でも文書にして責任を負いますとは理事会としては出しかねますので，悪しからずご了承ください。

なお，管理費は管理会社の収入ではなく，管理組合の収入ですので意味が違います。管理会社の変更については，組合員多数の総意で決定することです。

駐車場に関しては，マンションの3大トラブルといわれるほど紛争が多く，どこのマンションでも困っていることかと思います。特に，車に愛着がある方が多く，自分の愛車が傷つけられた場合は，冷静な判断ができなくなり，何でもかんでも管理会社又は管理組合の管理責任にし，損害を賠償してもらおうとする傾向にあるといえます。このようなケースの場合，管理組合として損害賠償責任を負わなければならないのか，考えていきたいと思います。

2 管理組合は，免責されるのか

マンションの駐車場における駐車中の盗難事故や当て逃げ，上階からの落下物などで破損事故が生じた場合，管理組合の責任の有無が問題となります。

駐車場における管理責任については，原則として，駐車場の利用・管理に関する契約の内容によって左右されることになります。通常は，駐車場使用にあたり，管理組合と使用者との間で「駐車場使用契約書」を取り交わしており，その中の免責条項によって管理組合としての責任は問われない場合が多いと言えます。つまり，一般的には「天災，地変，火災，盗難，その他の被害など甲（管理組

合)の責に帰すべからざる事由によって乙(使用者)の自動車その他の物件に損害が生じても,甲は一切その責を負わない。」という「免責条項」が入っています。(当マンションでも駐車場使用契約書第〇条において次のように規定されています。「駐車場内において盗難・衝突・接触等の事故を起こし又は天災地変,火災その他の事由により滅失,毀損等乙(賃借人)に損害が生じても,甲(管理組合)は乙に対し損害賠償その他一切の責任を負わない。」)

また,駐車場の利用場所を見た場合,通常,マンションの駐車場の構造は門扉・囲障等がなく路面に白線が印されているだけで,出入りは自由であり,駐車時の車の鍵は車の保有者自身が保管しているなどの事情の場合には,駐車によって自動車の管理・支配がマンションの管理者に移転したとは解されず,また管理者には,駐車場の利用について保管の約束があったとみることはできず,利用者は自己の危険負担において,その場所を利用している関係にすぎないと解されます。

したがって,管理者の故意または重大な過失がない限り,管理者または管理組合(管理会社・管理員を含む)は自動車の盗難や破損,上階からの落下物等の損害に対して,車の保管・管理についての債務不履行にもとづく賠償責任は問われないものと解されます(松村寛治著『マンションの事故と損害保険』文眞堂,昭和63年,143〜146ページ参照)。

3 自動車の被害に対して保険金は支払われないのか

当マンションでは,管理組合として①積立マンション保険(火災保険)②施設賠償責任保険③個人賠償責任保険に加入しており,管

理組合が損害賠償責任を負わなければならないリスクに備えています。

しかし,「自動車」に係わる事故については,自動車の所有者が加入する自動車保険でカバーされておりますので,保険約款では「免責」となっております。

例えば,「積立マンション総合保険普通保険約款」の第4条1項1号では自動車は保険の目的（対象）に含まれていません。また,施設賠償責任保険約款第3条2号では自動車の使用管理に起因する損害をてん補しません,と規定されています。もし,外壁の表面が老朽化により剥落,落下し,停車中の自動車を壊した場合には,管理組合として加入している施設賠償責任保険が適用される可能性がありますが,上階からの共用部分が原因ではない犯人不明の落下物に対しては,管理組合加入の保険では支払われません。

（本事例のケースでは,自動車への物の落とし主が名乗り出てくれれば,自動車の被害に対して,個人賠償責任保険が適用されます。誰も正直に名乗り出てくれないことに問題があるともいえます。）

4　被害を与えた犯人が不明でも支払われる保険商品はないのか

現在,積立マンション保険の特約として「破汚損盗難特約」を付ければ,被害を与えた犯人が不明でも支払われる保険商品が,ある保険会社から出ております。例えば,偶然な事故・いたずら等による破損,悪質な落書き等の汚損,盗難行為に伴う共用部分の損害等です。しかし,これは建物（マンション共用部分のみ）に対する補償に限られますので,自動車は対象とはなりません。

もし,今後落下物により自動車が傷ついたときに,落とし主が現

れない場合はそのときの役員で仮の加害者として，保険を使用し修理するのはどうかとの意見もありますが，これは保険会社に対して虚偽の報告をすることになりますので問題があります。

5 マンションにおける土地工作物責任とは

建物などの工作物の占有者（賃借人など）や所有者には，次のような特別の責任が課されています。

(1) 土地工作物責任の具体例

①　土地の工作物の設置または保存の瑕疵により，第三者が損害を受けたときは，第1次的には占有者が損害賠償責任を負わなければなりません。

②　占有者が損害の発生を防止するために必要な注意をしたときは，第2次的に所有者が，損害賠償責任を負わなければなりません。

例えば，A所有の建物のブロック塀が倒れて通行人Bが怪我をした場合は，Bは，当該建物の占有者がいる場合には，その占有者に対して損害賠償を請求することができますが，占有者がいない場合や占有者が必要な注意をしたことを証明したときは，建物の所有者Aに対して損害賠償を請求することとなります。

(2) 土地工作物責任の根拠

土地工作物責任の所有者には民法の一般原則（故意・過失，民法709条）と異なる「無過失責任」が課される主たる根拠は，土地工作物に内在する危険に対して，危険性の多い物を管理・所有する者は危険防止に十分な注意を払うべきであり，万一これによって他人に損害を生ぜしめたときは，その賠償の責に任じるのが社会的にみて公平であるとする危険責任の考え方です。

(3) 土地工作物の意義・範囲

民法717条の「土地工作物」とは,「土地に接着して人工的作業を加えることによって成立した物」ですが,建物や建物の一部または建物の内部設備である屋根,天井,床,窓,階段,エレベーターなども,土地工作物に該当します。

したがって,分譲マンションの場合には,各区分所有者ごとの専有部分や共用部分全体についてもそれぞれ「土地工作物」に該当します。また,ガス配管設備,電気配管設備などの建物の附属施設や付属物も土地工作物に該当します。

(4) 土地工作物の設置・保存の瑕疵

① 「土地工作物の設置・保存の瑕疵」とは,土地の工作物の設置された場所の環境,通常の利用者の判断能力や行動能力などを具体的に考慮して,本来備えるべき安全性を欠いている状態をいいます。

② 工作物責任が成立するためには,工作物の設置・保存の瑕疵と損害との間に因果関係がなければなりません。

例えば,上階からの落下物(ハンガー,玩具など)が原因で,駐車中の自動車に傷がついた場合の責任については,これは建物の瑕疵が原因ではなく,また損害との間に因果関係もないことから管理組合は土地工作物責任を負わないと解されます。

6 管理組合総会で承認された議案を理事会が実施しない場合はどうなるか

上記の駐車場の屋根設置の件が,もしマンションの総会で予算として承認されていたとした場合に,その後のアンケート調査結果を踏まえて,中止することは有効か,ということについて考えてみた

6 管理組合総会で承認された議案を理事会が実施しない場合はどうなるか

いと思います。

　管理組合総会で承認された議案を今期理事会が実施せず,紛争となった事案として,次の判例が参考になります。

　(1)　[判例] 平成5年5月開催の総会で決議された受水槽改修工事(平成5年3月の見積額は約183万円)を実施せずに,平成6年1月に再度見積書を取ったところ,受水槽の腐食が進み費用が約84万円増加した。このような場合,管理組合理事長の責任が認められる可能性が高く,理事長は総会で決議された業務を遅滞なく執行しなければならない義務があるといえる(神戸地判H7.10.4)。

　(2)　しかし,マンション管理組合では住民自治が重視され,商法のように株主代表訴訟を提起する様な権利は認められておりません。当マンションの場合は,「駐車場の屋根設置の件」について,いったん総会決議があったとしても,その実施に際して反対意見も多く,また「アンケート」をとって住民の意思を再確認してから実施すべきとの意見(1階住戸のA氏もそのような意見だった)もあり,理事会として手順を踏んで住民の意見を聞いています。その結果,管理組合会計の改善が先決であり,美観上の問題,安全性の問題等を指摘し反対する意見が多く出ました。このようなことから,理事会を開催し,「駐車場の屋根設置の件」を中止することに決めたのであり,その判断には合理的理由があるといえます。したがって,臨時総会を開催して,本議案の賛否を問うことまでは必要ないものと思われます。

Column 2

●あなたは「いやし系」それとも「ストレス系」？

◇「いやし系」VS「ストレス系」

　カプコンというゲームソフトに「ワンピースマンション」というのがあります。これはマンション管理ゲームで,「いやし系」と「ストレス系」住民をうまく組み合わせ,住民のストレスがたまらないようにしなければならないゲームです。しかし,住民は皆,一癖も二癖もある人ばかり。実に様々な人がいて,管理人はその対応に大忙しです。

　あなたはマンション生活の「いやし系」でしょうか,それとも「ストレス系」でしょうか。

◇気づかないうちに「ストレス系」住民になっていることも！

　マンションは,上下左右に部屋が積み重なっておりますが,今まで全く知らなかった人々が,このマンションという絆に結ばれ,一つ屋根の下に住むことになります。自分では気づかなくても騒音で隣近所に迷惑をかけている場合もあります。大規模修繕工事など,全居住者が一致団結して対処しなければならないこともたくさんあります。

◇マンション管理も「いやし系」の視点で

　最近の歌謡界では「いやし系」歌手が大活躍しております。平井堅「おおきな古時計」,元ちとせ「わだつみの木」等々。神の声を持つ歌手として,マスコミでも大きく取り上げられた,元ちとせは奄美大島出身ですが,なんと,山チャンも元ちとせと同じ奄美大島の出身なんです。(と言っても山チャンは奄美大島本島ではなく,大島海峡を隔てたさらに離島の加計呂麻島（かけろまとう）出身ですが。)

6 管理組合総会で承認された議案を理事会が実施しない場合はどうなるか

　山チャン，今年は台風をうまくすり抜けて8月に島に帰省してました。なんにもない島ですが，ルリカケス・アカショウビン等の鳥の声や潮騒の音等の大自然を満喫してきました。「マンション管理」に，いかにして「いやし系」を取り入れるかをテーマに（？）日々頑張っております。

◇「集まって住むことは楽しいナ！」（注）
とかくマンション生活では，いたずらにその団体生活のわずらわしさばかりが強調されているようですが「集まって住むことは楽しいナ！」という発想の転換こそが必要だと思います。そして，集住のわずらわしさを知恵と努力で克服し，集住の楽しさを共有しあえる仕組みを作っていかなければなりません。マンション生活が楽しいものになるかどうかは，ひとえに，管理組合員各自の努力にかかっていると言えます。
　（注）　この言葉は，延藤安弘氏の著書『集まって住むことは楽しいナ』(鹿島出版会)を参考にさせていただきました。

第4章

マンション「総会」における「議論」の構造

第4章 マンション「総会」における「議論」の構造

1 マンション管理の世界に「エラスムス流」はあるのか

●エラスムス流とは

　エラスムスは，ルターと対比される思想家であり，ルターとの間で「自由意志論争」を戦わした者としても知られています。しかし，一般的にはルターの方が有名なようです。エラスムスの伝記として，ヨハン・ホイジンガ，シュテファン・ツヴァイク等があり，それぞれに名著と言われていますが，筆者は，シュテファン・ツヴァイクのエラスムス伝に共感を覚えます。葛藤を善意の理解によって和らげ，暗雲を晴らし，もつれを解きほぐし，ほつれを新たに織りあわせ，分裂にはより高い共通な関連を与える寛容の精神である「エラスムス流」は，マンション管理の世界にこそ必要だと思うのです。しかし，これは理想論であり，実現は不可能なことでしょう。「集合住宅は争いの家」というドイツのことわざにもあるように，人が2人いるだけでも何かしらの争いが絶えないものです。エラスムスは，歴史の彼方に忘れ去られた感があります。

●和解への意志

　「エラスムスは，われわれがいま愛している多くのものを愛していた──詩歌と哲学を，書物と芸術作品を，諸言語と諸民族を，またそれらすべてのあいだの差別を問わずに全人類を，より高い人倫化という課題のために愛していた。そして彼は地上のただ一つのものを，理性の仇敵として心から憎んでいた──狂信である。みずからすべての人間のなかで最も非狂信的

であり，おそらく最高位とは言えないとしても最も広い知識を持つ精神であり，文字どおり人を酔わせる慈善ではないにしても誠実な善意の信条であったエラスムスは，あらゆる形式の不寛容な志向のうちに，われわれの世界の禍根を見ていた。彼の確信によれば，人間のあいだ，諸民族のあいだの葛藤のほとんどすべては，しょせんみな人間的な領域に属するもの である以上，おたがいの譲歩さえあれば無理のない解決ができるはずであった。ほとんどどの抗争も，つねにあて馬ややじ馬たちが戦闘的な弓をひきしぼりすぎることがなければ，比較的穏便に調停されるはずであった。それゆえ彼は宗教的，国家的，世界観的分野の別なく，およそ狂信と名のつくものに対しては，これをあらゆる和解の不倶戴天の破壊者と見なして戦ったのである。彼は，たとえ僧衣に身を包もうと教授のガウンに身を包もうと，強情な連中，かた寄った考え方をする連中，どの階級にせよどの人種にせよ，馬車馬的偏見の思想家たち，狂信者たちのすべてを憎んでいた。この連中はどこでもかまわず，自分の意見に対しては絶対服従を要求し，あらゆる別なものの見方を，異端とか破廉恥とか軽蔑して呼ぶのである。みずからは誰にも自分の見解を強いようとはしなかっただけに，彼は何らかの宗教的もしくは政治的な信条を押しつけられることには，断乎として抵抗した。思考の自立性は彼にとって，自明なことであった。そしてこの自由な精神は，説教台と講壇とを問わず，誰かが立ちあがってその個人的な真理を，まるで神がその人の，その人だけの耳に語りかけた告知であるかのように述べるとき，つねに世界の神的な多様性が委縮させられるのを見たのである。それゆえ彼は，電光石火のようなその知性の全力を傾けて，自分の妄想に酔いしれる独りよがりな狂信者たちに対して，生涯を

第4章 マンション「総会」における「議論」の構造

> 通してすべての分野で戦いつづけた。……そしてとりわけ戦争は，内面的な対立を調停するための最も粗暴で，最も暴力的な形式であるという理由から，道徳的に思考する人間とは一致しがたいように思われたのである。葛藤を善意の理解によって和らげ，暗雲を晴らし，もつれを解きほぐし，ほつれを新たに織りあわせ，分裂にはより高い共通な関連を与えるまれな技術が，彼の忍耐いづよい天才の本来の力であった。そして同時代の人々は感謝をこめて，この多方面に活躍する和解への意志を，端的に「エラスムス流」と呼んだ。この「エラスムス流」に，この一人の男が世界をなびかせようとしたのである。」
> 　シュテファン・ツヴァイク著『ツヴァイク全集15』，みすず書房，「エラスムスの勝利と悲劇」8～10ページ

2　マンション管理の「現場」から

●総会は役員つるし上げの場？

　数多くのマンションの「定期総会」，「臨時総会」等を体験し，感じていることがあります。それは，「なぜ，区分所有者全員が集まって開催する年1回の集会（総会）が楽しく，充実した意見交換の場にならないか？」ということです。

　総会の場では，この1年間管理組合を運営してきた執行部である役員に対してねぎらいの言葉はなく，まるでつるし上げのような批判や非難が区分所有者によって行われる場合もあります（マンションの団体を「管理組合」というので，その会合である「管理組合定期総会」を労働争議等の団体交渉の場と誤解しているのではないか，と冗談

抜きに真剣に悩むこともあります)。

　工事発注金額が高いのではないか，なぜ支出がこんなに増えたのか，管理費が安いからこのマンションを購入したのに値上げするとは何ごとか等々，それなりに正当な理由のある意見もあれば，まったく個人的見解を一方的にまくしたてる人もいます。マンションの規模が大きくなれば，それだけ管理費等の収入・支出も数千万単位になり，その収支は真剣にチェックしなければならないし，不合理な議案に対しては徹底的に議論しなければならないことは言うまでもありません。しかし，実際に数多くの総会を体験してきた実感からいうと全部が悪い例ばかりではありませんが，高尚な議論のレベルよりも，そもそも議事進行に関してのルール「会議法の常識」が無いためにいたずらに総会が長引いてしまい，結局実りの無い会合に終わってしまう例も多いようです。これは特にマンションの総会に限ったことではなく，我国のあらゆる「会議」に当てはまることなのかもしれません。

3　総会における「議論」の構造

【事例】「駐輪場の増設及び有料化」の議題に対しての各グループごとの意見

[賛成グループ]
① 駐輪場整理のためには，有料化する必要がある。
② 現状の駐輪スペースでは，限界があり増設する必要がある。
③ 反対のための反対では，問題が全く解決せず，問題を先送りするだけである。
④ まず，改善案を実施してみて，不具合があれば意見を出し

合って改善すればよい。

[反対グループA]
① 議案を上程するまえに，アンケートをとったのか。
② 住民への事前説明が不十分である。総会前に議案書だけ配付されても，内容の検討ができない。
③ 駐輪場増設工事の見積りは複数業者からとって検討したのか。
④ もっといろんな案を検討してから，増設案は提案すべきだ。
⑤ その前に，駐輪場の整理を徹底すべきだ。
⑥ ○期理事会のときに，自分たちもこの議案を提案したが否決された。そのときにあなた方は反対したではないか。

[反対グループB]
① 駐輪場の有料化には反対だ。
② 少なくとも，全員が駐輪できる場所を確保してから有料化すべきだ。現状では共用廊下へ置かざるを得ない。
③ 駐輪場の問題以外に理事会として早急に取り組むべき問題があるのではないか。
④ 提案の場所以外に駐輪スペースは作れないのか，もっと検討すべきだ。
⑤ 駐輪場を増設しても，現状の自転車をすべて収容できるわけではない。
⑥ 費用対効果で疑問だ。

[無関心グループC]
① 有料になると家計の負担が増えるので困るから反対だ。
② 自転車は，止めたい場所へ止めたらよい。

[分譲会社・管理会社への批判]
① そもそも1住戸1台の駐輪場しか設置していないのはおかしい。設計上の瑕疵である。今回の増設工事費の全額を管理組合

が負担するというのはおかしい。分譲主にもいくらか負担させるべきである。

② 2段式駐輪機は，上段に止めるにはかなりの力が必要で子供や女性には難しい。住戸数分の駐輪台数が確保されているとのことであるが，実際上段には止められない。設計上・施工上の瑕疵である。

③ 管理員が日常業務の中で駐輪場の整理を徹底することが先決である。

④ 駐輪場の改善について，管理会社から理事会へのアドバイスが足りない。

4 マンションの「理事会」・「総会」における「議論」のルール

・「総会」のすべてを管理会社が取りしきり説明するのではなく，(必要に応じて管理会社担当者のアドバイスのもとに) 管理組合役員が説明するのが，本来のあり方です。そのことにより，非難のための非難や不毛な議論はいくらかなりとも少なくなると思われます。

・それでも議題に対して前向きな議論ではなく，役員に対する非難や議論のための議論をくどくどと述べる者がいることも事実です。

・「理事会」，「総会」において建設的な議論よりも，①攻撃型②ことなかれ型③揚げ足取り型④優柔不断型⑤権威主義型等の一部の組合員に振り回されて，不毛な議論に終わる場合も多いものです。そして，最終的に声の大きい者の意見が通ることもあります。

しかし，次のことを考えてほしいと思います。

① 総会の議題は，自分たちの代表者である役員が何回も討議の

第4章 マンション「総会」における「議論」の構造

> うえ上程したものです。
> ② 総会までに,「アンケート調査」「説明会」等を実施してきたのに,あなた方はなぜ出席もしないで,文句ばかり並べたてるのですか。
> ③ 管理会社又は理事会役員へすべてお任せの姿勢ではなく,自分たちの問題であるとの自覚のもとに主体的に問題に取り組む姿勢も必要ですよ。

・総会の場でいろいろとマンションに対して不満を言ったり,あるいは本来の管理業務とは違う施工上の不満を管理会社に対して言ったりする方がいますが,議長は,理不尽な発言に対して,何でもかんでも管理会社に言うべきことではなくて,私たちマンション住民で解決すべき問題もあることを交通整理する必要があります。

例えば駐輪場の問題でも無茶苦茶増えているのは管理会社の責任だから管理会社の方で何とかしろと一方的にまくしたてる組合員がいます。

これに対しては,「これは自分たちで主体的に取り組むべき問題です」。例えば「住民全員が協力して不要自転車を一斉に処分しましょう」,という話になるのであって,「何でもかんでも管理会社に言うのはおかしいよ」と,議長の方で,ある程度そのあたりの交通整理をする必要があります。つまり,

① 分譲主に言うべきこと,
② 管理会社に言うべきこと,
③ 自分たちでやるべきこと

の区分をする必要があります。

5 「会議原則」

　議会の会議は，地方自治法及び当該団体の議会が定める会議規則に従って行われ，これらの法律および会議規則を貫く自然共通の法則ができており，これを一般的に「会議原則」といっています。この原則は長い時間をかけた経験法則ともいうべきものであって議会運営についての慣習法ですので，ある程度の拘束性を有するものです。ここでは，地方自治法の「会議原則」をマンション管理組合の「総会」・「理事会」用にアレンジして部分的に紹介しましょう。

[原則1]　議事公開の原則
　議事の公開とは，会議の傍聴を許し，議事内容を配布したりその他の方法で公表することをいいます。残念ながら管理組合は，大多数の無関心な組合員により構成されています。無関心組合員に少しでも組合運営に関心をもってもらうために，理事会の傍聴を許したり，理事会結果について「理事会だより」を作成する等の広報活動も必要でしょう。

[原則2]　定足数の原則
　定足数とは，会議を開くのに必要な一定数以上の出席者数をいいます。標準管理規約では総会の会議は，議決権総数の半数以上を有する組合員が出席しなければならない，と規定しています。

[原則3]　組合員平等の原則
　組合員平等の原則とは，組合員は法律上平等であることをいいま

す。区分所有法は，管理費等の費用負担割合，議決権割合を原則として専有面積割合で考えています。しかし，複数住戸を所有し，複数の議決権を持っていても，組合員の頭数では全員が平等であり，平等に総会で発言できます。

[原則4]　1議事1議題の原則

1議事1議題の原則というのは，会議において案件は1件ずつ議題として審理することをいいます。これは，かりに数件の案件を同時に議題とすれば，甲の案件に質疑が出て，次いで乙の案件に質疑が出るなど組合員の考えに混乱をきたし十分な審議ができないので，1件ずつ議題にして秩序ある審議を進めようとするものです。

この原則に対する例外として，同種または関連する案件は同時に審議したほうが能率的な場合がありますが，このような案件は一括して審議することができます。なお，一括して議題にした場合の表決については，一括して表決に付してもよいですが，多少でも異論があるような場合は分離して1件ずつ表決すべきです。

[原則5]　一事不再議の原則

一事不再議の原則とは，同一会期においては同一案件を再び議題にしないということです。これは，同一会期に同一議案をしばしば論議していては時間のむだであり非能率であるし，また同一事件が前には可決したのに後で否決するならば，朝令暮改のそしりを免れないからです。

マンションの総会の例でいうと，一度議案として可決したものは，再確認で再び議題にすべきではないということになるでしょうか。このようなことをすると，先程は賛成に投じたのに今度は反対に投じることもあり得，総会が混乱するだけです。

5 「会議原則」

[原則6] 発言自由の原則

　総会は，組合員の最高意思決定機関ですので，言論の自由は最も尊重しなければなりません。理事会役員が総会に上程した議題は，提案趣旨を説明する機会を与え，議題に疑義をもつ組合員にはこれを質疑させ，賛成または反対する組合員に，それぞれの意見を尽くさせるべきです。

　なお，発言は自由であるといっても，絶対無制限ということではありません。議案と関係ない議論はすべきではないし，できるだけ多数の方の意見を聞けるように，発言もできるだけ簡明でなければなりません。

[原則7] 討論1人1回・交互の原則

　討論は，議題にされている問題に対する賛否の意見の表明です。討論はこのような理由によって，この問題に賛成だとか反対するという論議であり，自己の意見の表明にとどまらず，賛否の意見が未定の組合員に対しては自己の陣営に加担せしめ，さらに意思の決定している組合員に対しては翻意させようとするもので，また，組合員に賛否いずれが正しいのか判断資料を提供しようとする目的もあります。

　なお，討議は1人1回，また反対と賛成を交互にすることになっています。マンション総会の場では，反対者の意見にまったく耳を貸さず，一方的に自分の意見だけをまくしたてる者もいますが，反対者の意見にも耳を傾け，総会が真の「議論」ができる場でありたいと思います。

[原則8] 過半数の原則

　過半数の原則とは会議で問題の可否を決するには過半数で決める

ということです。過半数というのは半数より多い数であり、この原則は民主主義政治の根幹をなすもので、代議制度を認めている国はみなこの原則によっています。過半数がなぜよいかというのは、教育が普及し知識が平均化されて、国民が法律上平等とされている今日、多数の善とするところに真理があるとしているのです。マンションでは、普通決議で可決できる議案でも、できるだけ多数の組合員の承認が得られるように努力すべきでしょう。

なお、標準管理規約では、普通決議については、議決権の過半数で決し、過半数の賛成を得られなかった場合は否決としています。

[原則9] 現状維持の原則

現在は過去の経験と知識によって築き上げられたものです。この現在の状態を変更するのは慎重な考慮の下になされるべきです。よって会議において現状打開と現状維持の両説が賛否相半ばするときは、現状を維持するという決定が従来から行われているものであり、これを現状維持の原則といいます。

問題について可とする者と否とする者との数が同じときは、議長に可否いずれかに決定をなす権限を与えています。この場合、議長の自由意思によって可と決しても、否と決してもよいのですが、否とする＝現状を維持する方向で決することがよいとされています。これは、過去に積み上げられた体制を尊重しようという趣旨と共に、否と決しておくことによって、再度その問題を審議する機会を与えようとすることもねらいとしています。マンションの例では、この場合は強引に可決とせず、否決し、継続審議とすべきことになるでしょうか。

5 「会議原則」

[原則10]　可とするかと諮る原則

　可とするかと諮る原則とは，表決にあたり議長は問題を会議に諮る際に，その問題を可とするか，賛成するかと諮る方法が原則であることを意味します。表決の方法には，挙手，拍手，起立，記名及び無記名投票，異議の有無を諮る等がありますが，いずれの表決方法によっても，すべて議長は問題を可とするか，賛成するかと諮ることを原則とし，反対が圧倒的に多いような場合でも否とするか，反対であるかとは諮らないことになっています。

　マンション総会の例で考えると，理事会執行部としては多数の人が上程議案に賛成してもらいたいと考えます。人間の心理として，賛否を採る際に，反対者に挙手を求めると，挙手しずらい面があります。公平を期す意味でも，「可とするかと諮る原則」で採決したいものです。

[原則11]　表決は更正を許さざる原則

　表決は問題に対し議長の要求により，出席組合員がなす賛成，反対の意思表示を集計したものです。表決の方法には，挙手，拍手，起立，記名および無記名投票，異議の有無を諮る等がありますが，どの方法によるかは議長の選択にあり，また，一定数の組合員から異議があれば要求の方法によることになります。表決に入り，組合員が賛成，反対の意思表示をしたときは，議長はそれを集計して可否の結果を宣告します。表決の基本である賛否の意思表示に訂正が許されては，事務の煩雑，能率の低下はもとより，表決に誤りを生ずるもとになりやすいので，表決の更正は許すべきではないと禁止しています。

　マンション総会の例で考えると，出席組合員数，委任状数，議決権行使書数を明確にする必要があります。特に特別決議では，組合

員の頭数及び議決権の各4分の3以上の賛成が必要となりますので賛否の集計は正確に行い，何度も数え直しをしたり，訂正等をしないようにすべきです。集計結果の訂正を行うと，理事会執行部への不信感をまねきかねないのです。

6 会議における「議長」の資格

会議において議長のはたす役割は大きく，議長の能力いかんで，その会議の内容が左右される場合も多いものです。早川武夫氏が議長の資格について，以下のように紹介しており，参考になります。

「一般に議長の資格として具うべきは，第1に会議法の知識である。専門家のように隅々まで掌を指すように心得ていることは必要でない。ただ会議法の常識では，どの構成員にも引けをとらない程度の知識が要求される。……第2に会議術の心得である。議長は会議法上広い裁量権をもつから，会議術を働かせる余地が大いにある。会議法の知識の上に立って，議事を円滑かつ能率的に進行させ，討論を盛り上げて最後まで構成員の注意を逸らせないような雰囲気をつくらなければならない。冗長な発言，重複発言，脱線発言などを遮り，遷延戦術を弄する者や，秩序を乱す者を制するなどして議事の促進を図る。他方不当に急がせてもいけない。動議は常に明確にし，多弁な発言者を抑え，他方内気な者，無口な者，少数者を促し，争点に関連性あるすべての事実や問題点が提示されるのを助け，十分に審議が尽くされた段階に至ってはじめて採決する。動議の強引な通過（これを railroading という）を図る者に引きずられないようにする。第3に，議長の資質である。議長は終始厳正中立，公平無

私, 信義誠実の態度を持し, 忍耐強く, 礼儀正しくあると同時に決然 (decisive) とし, いわゆる外柔内剛でなければならない。ふらつくのは禁物だが, さりとて独断的になってもいけない。なにごとも程度問題である。よき議長なくしてはよき会議はあり得ない。Good chairmanship は, 本を読むだけでは習得できるものではなく, 相当の実践的修業を要する。」(早川武夫著『会議法の常識』商事法務研究会, 1985年, 29～30ページ)

Column 3

●「総会」における「議論」のルール確立をめざして
管理組合に「ロバート議事規則」は活用できるか?―理想と現実

○「ロバート議事規則」とは?

「ロバート議事規則」は, 1896年アメリカ合衆国陸軍のヘンリー・M・ロバート将軍によってまとめられたもので, 発行以来百数十年間, アメリカおよびヨーロッパ各国のあらゆる会議の標準議事規則として使用され最も権威ある「世界の議事法典」と言われています。ロバート氏は市民団体等の様々な会合に参加しましたが, こうした市民団体の意思決定の会合で, しばしば人々が, 本来議論すべき議事内容の中身ではなくて, 議事手続きのあり方の是非をめぐって多大な時間を浪費する場面を見てきました。そのときに議事手続きのルール集が必要であることを痛感し, 「ロバート議事規則」をまとめたのです。

○「マンション管理の文法」ルールブックはあるのか?

アメリカ各地の大小様々な都市における会合では, 会議のルールそして「ロバート議事規則」が活用され, 議論を通じてアメリカ市民の公共精神を活かす社会的装置の一つになっています。「ロバート

第4章 マンション「総会」における「議論」の構造

議事規則」は民主主義の文法になっているとも言えるでしょう。
　それでは,「ロバート議事規則」は,日本におけるマンション管理組合や自治会,ボランティア団体をはじめとするNPOやNGOなど,すべての地域組織・市民団体の意思決定のために有効活用できるものでしょうか。単一民族で,人との和を強調するわれわれ日本人にとっては「ロバート議事規則」はあまりにも技術的で煩瑣なルールであると感じられる面がないでもありません。山チャンは「ロバート議事規則」を参考にしながら,いつかは「マンション管理の文法」ルールブックを執筆したいと夢を見ているのです。

第5章

マンション管理紛争を考えてみよう

第5章 マンション管理紛争を考えてみよう

1 マンション管理の心理学的考察

　マンション管理組合は、お互いの人格への「信頼関係」のうえに成り立っているといえます。しかし、そのためにはその前提として個人の人格が確立されていなければなりません。一方では、現代社会はあまりにも情報が反乱し過ぎており、意識的にそれを制限する自己保身の必要性も強いといえます。そのために、他人に無関心でないと暮らしていけない面もあります。

　このような社会状況の中でも、マンション管理は成り立つのでしょうか。

　マンションでは、管理組合の構成員として、組合員には次のような義務があります。

　　① 管理規約等のルールを守ること
　　② 全員が協力して管理組合を運営すること
　　③ 必ず管理組合役員をしなければならないこと
　　④ 管理費等を負担すること

　しかし、全員がこれを守るわけではありません。管理費等を払ってさえいれば、後は他の理事会役員や管理会社が全てやってくれるので、何もやらなくてよい。理事会役員もやりたくないという組合員が増えています。

　権利と義務は表裏の関係にありますが、マンションでは義務は履行しないでも、権利ばかり主張する組合員が増えているのです。幸いなことに、このような方は、まだ一部にとどまっていますが、マンション住民全員がこのような人ばかりだと、管理組合は成り立たなくなります。

自己責任が欠落し，他人の責任にばかりする組合員に対しては，どのように対処すればいいのでしょうか。残念ながら，特効薬はありません。ご本人との対話を粘り強く地道に継続していくしかないようです。

2 マンションは「開かれた世界」ではなく，「閉じた世界」である

　マンションは，部分的地域社会という「閉じた社会」ではなく，集住生活の楽しさを積極的に見いだしていく「開かれた社会」でなければならないという考えのもとに哲学者カール・R・ポパーの「開かれた社会」の哲学をマンション管理に応用すべきであるというのは，筆者の持論です。特に，総会・理事会等における「議論」の重要性，「議論」のためのルールの重要性，建設的な対話ができるための土壌に注目しています。

　しかし，以下の指摘があるように，マンションは，物理的にも周囲から「閉じた」世界であり，他人との交流や協力のもと管理組合を運営していくには，「意識的」かつ「積極的」な努力が必要です。

　加藤義明編『住みごこちの心理学―快適居住のために』（日本評論社，1991年）のなかで，共同居住に関する問題点の心理学的考察が様々な角度からされており，マンション管理の点からも非常に参考になります。次に，その一部を紹介しましょう。

　「藤原新也がその著『新版・東京漂流』のなかで，住宅，特に集合住宅について興味深い話しをのせているので紹介しよう。藤原は，近代集合住宅の発生は，イギリス産業革命にはじまるとし，近代合

理主義に根ざした「能率と拡大と生産」思想の実現をめざした家の構造の出発としたと述べている。そして英人建築家が，当時の「牢獄」の建築システムから住宅構造を採用したのだとしている。このシステムは監視舎を中心に，囚人の集合住宅がこれを囲むかたちで建ち，結果として，「管理」が容易であったようだ。日本の集合住宅も結局，「人間管理」へとむかってつくられてきたのだとしている。さらに集合住宅ができる以前の住宅は，「開放」的であり，現在の集合住宅は「閉鎖」的であると考えている。「開放的」というのは，「縁側」があることにより，そこで人との交流ができたことを指し，「閉鎖」的というのは現在の集合住宅の密閉性を指している。これにより，対人的なかかわり方も変化してきていることを指摘している。

集合住宅の場合，扉や窓が閉めきった状態であれば，他人に覗かれる心配もなく，対人的交際もシャットアウトしやすい。だれにも覗かれないので，煩わしい関係を断ちやすい。このような積極的な閉鎖が可能な状態は，住みごこちのポジティブな要因となるだろう。その反対に，他人との交際をしたい，連絡をとりたいときにそれがしにくいことも集合住宅の特徴といえよう。」(前掲『住みごこちの心理学—快適居住のために』日本評論社，1991年，55～56ページ)

3 非関与の規範（norm of non-involvement）

マンション購入の理由を聞くと，「マンションは，鍵一つで気軽に外出できて管理も煩わしくなく，自分だけの生活がエンジョイできる。」という答えが今だに多いようです。マンションは維持管理に煩わされたくない人向けのものであり，人間関係の煩わしさから

3 非関与の規範 (norm of non-involvement)

逃避したい人に適しているとの考えもあります。マンション住民は，自分の住戸内（専有部分）には，造作の不具合等最大の関心をはらいますが，共用部分には無関心です。隣りの住戸に誰が住んでいるのか全く知らないことも珍しくありません。廊下やエレベーターで住民同士が顔をあわせても，あいさつを交わすこともなく，なるべく無言でかかわりたくないようなそぶりを見せる方もいます。このように上下左右に多数の人が集まって住むマンションでは他人に無関心でないと「情報過多」になってしまい，暮らしていけないのでしょうか。マンションでは，「非関与の規範」が，顕著に表れるようです。

「非関与の規範とは「人のことには関心をもたないほうがよい」という考えを意味する。人のプライバシーや人の家族のことには興味を持たないほうが，社会生活が円満におくれるという考え方である。この規範の存在を指摘したのは，アメリカの社会心理学者ミルグラム（Milgram, S., 1970）である。彼は都会と田舎の違いは刺激の量にあると指摘する。都会には広告や看板が多く，人の衣裳は派手で，騒音もうるさく，車や人も多い。このような状況では周囲の情報をすべて受け入れていると，情報過多のために身動きがとれなくなってしまう（ちょうど１つの電話に通話が殺到すると，輻輳（ふくそう）して他の電話までつながらなくなってしまうように）。こうした都会の状況をミルグラムは，刺激の過負荷状態（stimulus overlording）と命名している。彼によれば，都会に住む人はこの過負荷状態を回避するために，刺激の入力を減少させるさまざまな工夫をしているという。刺激の入力を減少させたり，刺激に優先順位をつけて順位の低い情報は無視するなどの工夫である。身近な例をあげれば，都会の人は高層ビル街でも，視線より上にある広告をみたり，上を見

上げて建物を見物することが少ない。視線より上からの情報を減少させ，自分にとって意味のない景観を無視しているからである。ミルグラムによれば，こうした工夫が都会人の内面に定着すると，非関与の規範が形成されるという。つまり，都会のように情報が多すぎるところでは，余分な情報をとりいれないために，人には無関心でいるべきだという態度がつくられるのである。」(前掲『住みごこちの心理学——快適居住のために』日本評論社，1991年，126～127ページ)

4 援助行動 (helping behavior) 傍観者効果 (bystander effect)

　マンションでは，どうせ他の人がやるだろうから自分は何もやらないでもよい，という「傍観者効果」の比率が高いといえます。管理組合役員は，一般的に報酬が支払われることがなく，ボラティアで活動していますが，その割には，負担が大きいといえます。このようなこともあり，本来はマンションの組合員であるかぎり，全員が管理組合の役員を経験しなければならないわけですが，自分1人ぐらいやらなくてもいいだろう，と常に受益者的態度に終始する者もいます。

　心理学では，自分への見返りを求めず他者の利益を増すために自発的に行なわれる行動を「援助行動 (helping behavior)」と総称している。援助行動研究の発端となったラタネとダーレー (Latane, B., & Darley, J. M., 1970) の研究では，周囲に見知らぬ人がいればいるほど援助行動がおこりにくいことが明らかにされている。常識的に考えれば，援助を求める人の周りに人が多ければ多いほど，助けてもらえる可能性が高まりそうに思えるが，実際には「どうせだれ

かが助けるさ」という心理がはたらき，援助行動は逆に減少してしまう。

このような現象は「傍観者効果 (bystander effect)」と呼ばれているが，傍観者効果は見知らぬ人どうしが集合する機会が多い都会のほうが，現れやすいと考えられる。都会では災難にあって周囲に助けを頼んでも，周囲の人数が多すぎるためにだれからも助けられないという，背筋の寒くなる状況がおこるのである。(前掲『住みごこちの心理学‐快適居住のために』日本評論社，1991年，126，129ページ)

5 マンションをめぐる紛争の実態 (1)

マンションをめぐる紛争は単純なようで実は複雑です。紛争にも①当事者間の話し合いで解決するもの，②第三者の仲裁で解決するもの，③裁判に至るもの，④紛争解決を諦めてしまうもの等様々なパターンがあります。

裁判は，マンション紛争のうち，法的な紛争として構成されるもののごく一部であることに注意する必要があります。民事訴訟に関する本は多数出版されていますが，以下で紹介する本は，単なる裁判手続きの解説書ではなく，紛争の実状と解決の方向，解決の基準等を法社会学的に分かりやすく解説した非常におもしろい本です。民事訴訟の本は「眠素」と皮肉っぽく言われ，たいくつなものが多いものですが，本書では「紛争の多様性」「紛争解決の諸手段とその選択」「人間関係の調整」「相談者・依頼者等の事情聴取」等の役立つテーマが取り上げられており，マンション管理士等がマンション管理問題の相談を受ける場合の参考書としても非常に有益である

と思います。

> 升田純著『実務民事訴訟法入門』（民事法研究会，平成11年，66〜71ページ）より
>
> マンション紛争は，マンションの区分所有者同士，あるいは区分所有者と管理組合との間で，区分所有権の所在とか，管理費の支払い，管理行為をめぐって発生する紛争であり，経済的な利益も僅少であり，法律の基準（区分所有法）も明確であるから，簡単に解決できる紛争であるように考えられがちです。しかし，マンションの紛争は，その紛争の発生，発展の実態，解決基準の不明確さ，1棟の建物（マンション）内に多数の居住者が存在すること等の事情を反映して，複雑であるだけでなく，根絶が困難な紛争です。
>
> ① 多数当事者の紛争
>
> （1棟のマンション内には，50戸とか，100戸とかの多数の区分所有建物［専有部分］が存在し，マンション紛争が発生すると，顕在化した紛争は1件であっても，潜在的に他にも同種の紛争が発生していたり，1件の紛争に多数の区分所有者等が巻き込まれたりして，多数の者が関係し，利害関係を持つという紛争になることが多い。）
>
> ② 家族間の紛争
>
> （マンションは，多数の区分所有者がその家族とともに住居として使用する建物であり，区分所有者，その家族同士には，日ごろからの様々な人間関係が積み重ねられ，良好な関係，反発の関係，派閥等の人間特有の関係が家族を含めて生じているのが通常であるところ，ある区分所有者

5 マンションをめぐる紛争の実態 (1)

同士，あるいは区分所有者と管理組合［管理組合といっても，その実態は，理事会を構成する理事長，理事という区分所有者が表面に出ざるを得ない団体である］の間で紛争が生じると，その家族を巻き込んだり，日ごろの人間関係が悪化して紛争が生じ，あるいは深刻化したりして，家族も実質的な当事者になる紛争になることが多い。）

③ 他人任せの紛争

（マンションを住居として選択する理由は，様々であるが，他人から干渉されない生活をすることができることがその理由の一つであることは多い。マンションの居住者にとっては，他人との密接な協力，日常生活における人間関係の強制は避けたいものであるところ，実際には，社会的にも，法律的にも，経済的にも居住者同士の協力，人間関係が必要になる。そして，ある区分所有者につき紛争が生ずると，その区分所有者自ら，あるいは紛争の当事者同士で解決を図ろうとすることが少なく，もっともらしい理由を付けて，管理組合，あるいは理事会，理事長に紛争の解決を任せがちである。）

④ 党派的紛争

（人が 3 人集まれば党派が発生するのが人間社会の常であるところ，マンションにおいては，様々な動機，目的，切っ掛け，利害関係から複数の党派が発生し，離合集散を繰り返すのが実際であるが，このような党派が存在し，しかも緊密な人間関係が存在するところで紛争が発生すると，その紛争の原因，解決の方向を問わず，紛争の当事者を支援する応援団が様々な形で関係することになる。）

⑤ 非法律的な紛争

（マンション紛争は、その解決の基準として区分所有法、民法といった法律があるが、法的な紛争という側面以外の多くの側面をもつものであり［むしろ法的な紛争以外の側面のほうが強い］、その多くの側面につき多角的な解決を図る必要がある。）
⑥　人格紛争
　　　（マンション紛争は、紛争の直接的な経済規模、権利の内容からみると、仔細な紛争であるように考えられがちであるが、特にマンションという狭い部分社会において、家族、党派、名誉をかけて紛争が生じ、あるいは深刻化しているものであり、区分所有者にとっては、全人格をかけた紛争になっていることが少なくない。）
⑦　根絶困難な紛争
　　　（マンション紛争は、多数当事者の紛争として生じると、顕在化した紛争を一応解決したとしても、根本的に解決したことにはならないものである。）
⑧　財産紛争
　　　（個々のマンション紛争は、その経済的な規模が不払いの管理費等であり、少額な紛争であることが多いが、その根本的な解決が紛争の当事者の一方または双方が区分所有権を売却等するまでできないという側面をもつことを考えると、マンションの価格が高額であるため、その高額な財産をかけた紛争になるおそれがある。）
⑨　複雑紛争
　　　（マンション紛争は、多くの側面をもち複雑であるだけでなく、法的な紛争の側面をみても、管理規約の内容、区分所有者の集会の決議の効力・効果、権利の所在、権利の

内容等の点で複雑である。)
⑩　未熟な紛争
　　(マンション紛争を法的な側面からみても，区分所有法，民法等の法律があるため，その法的な基準による解決が容易で，明確であるように考えられがちであるが，マンションの建設，居住自体，我が国では比較的新しい現象であり，老朽化，建替えに至ったマンションがわずかである等の事情から，マンション紛争には，まだ現実化していない紛争が少なくない。)

6　マンションをめぐる紛争の実態 (2)

　マンション紛争のうち「裁判」に至るものは，ほんのわずかです。裁判になったとしても原告及び被告の両当事者にとって満足のいく解決は得られないことが多いようです。マンション紛争は裁判という堅苦しい訴訟手続きによるよりも，第三者の仲裁や，裁判外紛争処理制度等による方が，お互いの話し合いによる歩みよりにより，いくらかなりとも満足のいく解決が得られるのではないでしょうか。
　ところで，廣田尚久教授は，かなり早い段階から調停等による紛争解決を目指して努力されており，「弁護士の外科的紛争解決法」(自由国民社)，「紛争解決学」(信山社) 等の本の中でも裁判以外の紛争解決方法を提唱されています。筆者は廣田教授の「紛争解決学」をベースにして，「マンション紛争解決学」を考えていきたいと思っています。
　そのためにも紛争とは何か，特にマンション紛争とは何か，現状

第5章 マンション管理紛争を考えてみよう

をよく認識する必要があるわけですが，以下で紹介する『実務民事訴訟法入門』の中のマンション紛争に関する分析は非常に役立ちます。マンション紛争は，まずは「人間観察」からスタートする必要があります。

前掲『実務民事訴訟法入門』66～71ページより
① 多数当事者の紛争
　　（多数当事者の紛争は，現実の紛争当事者は，2人，あるいは少数であっても，背後に双方の当事者に応援団等がいたりして，その解決が困難であることが多い。）
② 家族間の紛争
　　（紛争が生じると，その当事者にとっては，家庭は紛争を一時的でも忘れさせ，精神を休める場所であるが，マンション紛争の場合には，その家庭自体が紛争の現場であるだけでなく，家族間の利害が関係するため，その解決が困難になるし，一応解決したように思われるときでも，紛争が根絶されないで，紛争の種を残したままになることが多い。）
③ 他人任せの紛争
　　（他人任せの紛争では，紛争の当事者が高見の見物をし，理事会等が紛争のまとめ役になるため，どのような解決を図っても，紛争の当事者双方にとって不満な内容になり，紛争の輪がさらに拡大することになるおそれがある。）
④ 党派的紛争
　　（マンション紛争が党派的紛争という特徴を強くもつようになると，個々の紛争の解決に当たって背後の応援団・支援者の了解抜きには解決することが困難になるし，ある

紛争がいったん解決したとしても，紛争の根絶に至らないことが少なくない。）

⑤ 非法律的な紛争

（マンション紛争が，たとえば，不払管理費の支払いをめぐる紛争として顕在化していたとしても［この場合，管理組合が不払いの区分所有者に対して管理費支払請求権という権利を有している］，権利の存否はさほど重要な問題ではなく，その不払いに至った原因，経緯のほうが深刻な問題であることが多いのであって，マンション紛争が非法律的な面の多い紛争であることは無視してはならない視点である。）

⑥ 人格紛争

（マンション紛争が人格紛争であると，紛争の法的な勝敗，経済的な利害が些細な事柄になり，謝罪，相手方の排除，勝利の確認，満足感といった事柄が紛争解決の大きな基準になるため，紛争の解決が困難になるし，いったん解決したとしても，後日，紛争が再燃するおそれが強くなる。マンション紛争は，勝っても，負けても，後日，別の形で紛争が再燃するおそれが強いものである。）

⑦ 根絶困難な紛争

（マンション紛争は，紛争の当事者の一方または双方がそのマンションから退去し，あるいは区分所有権を売却したときに根本的に解決されることがあるが，それでも紛争の種が残ることがある。マンション紛争は，まったくやっかいな紛争である。）

⑧ 財産紛争

（高額なマンションの区分所有権を購入して入居したのに，一見すると些細な紛争で，そのマンションを退去せざ

るを得ないことになると、その争い方も自然先鋭になるおそれがある。)

⑨ 複雑紛争

（複雑紛争であるマンション紛争を話し合い、示談等の合意で解決することが重要であるが、複雑紛争であることを軽視して解決すると、せっかく解決したように思っても、実際には権利の所在を誤り、法的な側面以外の他の事情を軽視したことにより、解決に値しない内容になっていたりして、後日に紛争の再燃の種をそのまま残すことになる。)

⑩ 未熟な紛争

（未熟な紛争の解決に当たっては、その解決の基準が明確ではないことや解決の経験が乏しいこと等から、妥当な解決に至らないとか、後日に問題を残す解決となるといった事態が生じるおそれがある。)

7　紛争の具体的構造～「近隣騒音問題―上下階の騒音」

マンションをめぐる紛争で代表的な例が、この騒音問題です。ここでは、上下階の騒音を原因とする事例を取り上げ、クレーム発生から紛争へ発展するまでの過程を見ていくことにしましょう。

【事例】　上階Aさんと下階Bさんとの騒音トラブル

1．［Bから管理会社へのクレーム］

上階からの騒音がひどいので、何とかしてもらいたい。（本来は、AとBの当事者間の問題である。お互いに訪問して確認し、改善

7　紛争の具体的構造〜「近隣騒音問題―上下階の騒音」

へ向けて話し合えばよいが，実際には，当事者間で話し合うというケースは少ない。なかには，まったく気づかずに音を出していることもあり，この場合は話し合いにより即解決できることもある。）

2．［管理会社からAおよびBへの状況確認］

　管理員またはフロント担当からAおよびBへ状況のヒアリングを行う。（この場合，周辺住戸から問い合わせがあり調査しているという程度にし，クレームをいってきた部屋番号はできるだけ，あいまいにした方がよい。）

3．［Aの回答］

　「私のところは，3歳と5歳の子供2人と夫婦の4人家族だが，ごく普通の生活を送っている。ウルサイと言われるのは心外だ。」

4．［上階Aさんと下階Bさんの主張］

［下階Bさん］

・11時過ぎ頃になると廊下を走り回る音がする。
・自分たちの寝る時間が10時頃であり，寝入った頃の11時〜12時頃になると音がして目が覚めてしまう。
・カーペットをリビングおよび廊下全体に敷くことができないだろうか。検討をお願いしたい。

［上階Aさん］

・主人の帰りが毎日遅く，11時頃になるので主人の帰宅後，子供といしょに風呂に入ったり食事をしたりする。
・最近ではリビングにカーペット（約4.5畳）を敷いて音に対しては気を使っている。
・子供にはフローリング上で物を落とさないように注意しているが，3歳と5歳の子供2人なので限界がある。廊下にもカーペットを敷くか検討中。
・自分たちは夜型であるが，主人の帰りが遅いこともあり，こ

の生活パターンは変えられない。嫌がらせで音を立てているわけではなく、普通に生活しているだけなので、これ以上のことはできない。

5．[上下階の騒音問題発生の原因]

① マンションでは、ある程度の音は響くものであるが、やはりそれなりの近隣への配慮も必要であるという自覚がまったくない。

② 生活や勤務形態が夜型等の生活パターンによる違い。

③ 近隣との付き合いがまったくない。他人に干渉されたくない。

④ 被害妄想になっている。実際は、ごく普通の音でも、嫌がらせで音を立てているのではないかと、感じるようになる。

⑤ 音の発生源の特定の困難さ—上階からの音と思い込んでいたが、実際は上階からではなく、斜め上からの音だったりする場合もある。

6．[管理会社から理事会へ報告]

理事会役員（理事長）へクレーム内容の報告。管理会社として、生活騒音等の音のマナーに関する注意文書の全戸配布および掲示を提案する。

7．[理事会から管理会社へ]

① 理事会名での音のマナーに関する注意文書作成、配付を管理会社へ依頼。

② 「このような問題に対応してくれるのが管理会社である。そのために高い管理委託料も払っている。われわれ理事会役員は素人なのでどのように対応したらよいか分からない。すべてお任せするから、管理会社の方ですべて対応してほしい。」

8．[理事会からAおよびBへ]

「理事会で仲裁を考えているので、今度の理事会に両者とも出

7　紛争の具体的構造～「近隣騒音問題―上下階の騒音」

席してもらいたい。」(しかし，理事会の立場としても，一方が悪いと決めつけることもできないし，AまたはBが悪いと決めつけた場合は，相手方から理事会役員が恨まれる。)

9．[Bから管理会社へ再クレーム]

「先日，音のクレームを言って，音のマナーに関する注意文書も配付してもらったが，まったく改善されていない。これだけ下階に音が響くということは，マンションの施工に欠陥があるのではないか。詳しく調査してもらいたい。」

10．[Aから管理会社へクレーム]

「先日配布された音のマナーに関する文書は，自分を非難したものか。普通に生活しているのに下階から音のクレームがくるというのは，欠陥マンションではないのか。詳しく調査してもらいたい。」

11．[Bさんのグループの言い分]

(子供や奥さん等の仲良しグループによるつながり)「Aさんは，マンション生活のマナーも守らない非常識な人だ。付き合わない方がよい。」

12．[Aさんのグループの言い分]

(子供や奥さん等の仲良しグループによるつながり)「Bさんは，ちょっとした音にも敏感な神経質な人だ。付き合わない方がよい。」

13．[AまたはBから理事会へ]

「音の問題で，管理会社へクレームを言っているのに何もしてくれないし，改善もされていない。理事会でなんとかしてもらいたい。」(しかし，理事会は管理会社へ対応をお願いしている，と答えるであろうし，結局は問題のたらい回しになってしまう。)

14．[AおよびBの問題から発展]

（他人任せの紛争になっている。）紛争の当事者であるＡおよびＢが高見の見物をし，理事会または管理会社が紛争のまとめ役になるため，どのような解決を図っても，紛争の当事者双方にとって不満な内容になり，紛争の輪がさらに拡大することになるおそれがある。

15．［理事会内部の紛争へ］

① 「理事長のリーダーシップがないから，問題が解決しないのだ。」

② 「理事長がワンマンで他の役員の意見を聞こうとしないから，問題が解決しないのだ。」

③ 理事会役員の中でもＡさん派とＢさん派に分かれるかもしれない。

16．［分譲会社グループ内部の紛争へ］

（この場合，管理会社が分譲会社の子会社か，独立系かによって異なるが，一般的に管理会社は弱い立場である。）

① 「この程度のトラブルも納めきれないで，分譲会社にＡＢ間のフローリングの施工レベルを調査してくれというのは，どういうことだ。これを納めるのが，管理会社の仕事ではないか。次回の物件からは他へ管理をお願いする。」（非協力的態度）

② 「スラブ厚やフローリングの仕様には問題はないが，梁がない構造だったために，太鼓のように音が響いているのかもしれない。お客様に納得していただけるよう分かりやすい資料を作って協力しよう。」（協力的態度）

17．［分譲会社と施工会社の紛争へ拡大］

① 「図面では，そこまでやるよう指示されていない。」

② 「図面になくても，施工段階でその程度の配慮をするのは当然だ。」

8　マンション管理に関する論文の限界

　「マンション管理」というテーマに範囲を限定しても，これに関して既に膨大な論文が発表されています。筆者は，もちろんそのすべてをフォローしているわけではなく，読んでいる論文にも偏りがありますが，マンション管理の現場で日々実務を経験している者の立場から見ると，一般論として言えば，学者の書く論文は実務では使えないし，役に立たないものが多いと感じています。

　鈴木成文教授（神戸芸術工科大学）が，ある研究論文のまえがきで次のようなことを述べており，この指摘はマンション管理に関する論文にも当てはまると思います。（これは，建築・住居学関係の論文に関してのことですが）鈴木教授は次のように指摘しています。

　「……第二のねらいは，やはり副題に記した『住居論』にある。これは，計画学研究あるいは建築学研究の現状に対する反省と批判の意も込められている。すなわち，今日の研究は，その手法の発達に特徴があり，数理解析なども多彩になった。そしてこれらの手法を駆使すれば，必ず何らかの分析結果は出るし研究報告も書ける。しかし研究は，その分析結果から何を言わんとするかが問題である。単なるデータの開陳に終わっている研究も少なくない。研究というものは，とくに住居研究というものは，論を立てることが重要である。過去を辿り現状を明らかにしたならば，それを考察・解釈し，さらには今後の展望について語る。これでこそ計画学研究と称しうるであろう。この研究を『住居論』と銘打ったのは，その方向への志向を意図したからである。さらにもう一つ第三のねらいを示せば，『体験記述』という方法上の特徴である。住居研究にはこれまで実

態調査という手法が発達し，多くの成果を挙げてきた。これは今和次郎・西山卯三ら多くの先達により開拓され，定型化された手法となった感がある。住居研究の蓄積はこの実態調査に支えられていたと言っても過言ではない。しかしこれには多くの限界がある。とくに他人の家を訪問してアンケート，ヒアリングあるいは観察などの手段によって住み方の実態を採取するのであるから，どうしても表面的な事象やこちらで設定した問題に限られがちである。より深い実体，とくに長年にわたる変化や住み方の変容，あるいはその間における住み手の心理などは，居住者自身の体験に勝るものはない。そこで今回は，研究者自身の居住体験記述を主要な手段とした次第である。」(「型」の崩壊と生成―体験記述にもとづく日本住居現代史と住居論―，ハウジング・スタディ・グループ，代表鈴木成文，住宅総合研究財団リポート No.8702, 1990年)

9 データー分析の注意点

かなり引用が長くなってしまいましたが，鈴木教授の指摘は，重要な内容を含んでいます。

① 最近の研究論文における「数量化分析」の弊害を指摘しており，論文の内容がなくても数量化分析（数量化Ⅲ類，m×n分析表等）をしてあれば，もっともらしく見えると皮肉な言い方をされていますが（筆者自身数字に対するコンプレックスもあることを認めるが）一般論としてこの指摘は当たっていると思うのです。

② 実態調査の主流は，アンケート，ヒアリング，観察などですが，この方法は，どうしても表面的な事象やこちらで設定した問題に限られがちであるため，より深い実体，とくに長年にわたる変化

や住み方の変容，あるいはその間における住み手の心理などは，居住者自身の体験に勝るものはなく，その方法として「体験記述」の手法が有効であることを指摘されています。ここで気を付けなければならないことは，客観的に把握しようとするあまり，生活者を単なるデータとして一方的な観察の対象にすることです。

③　先に，学者の書く論文は実務では使えないし役に立たないものが多い，と大変失礼なことを述べましたが，もちろんその全てがそうではなく，即実務には使えないが，現在の「発想」や「思考の枠組み」を変えるという意味で参考となる論文も多いことは事実です。マンション管理というかなり実践的な研究を要請されるテーマでも，やはり基礎的な研究（例えば，臨床医学に対する基礎医学）は必要ですし，また不可欠でもあります。今後は「マンション学」という学際的な視点から総合的にマンション管理問題を考察する必要があると思います。

10　マンション管理に関する論文紹介

本章のテーマは「マンション管理紛争」ですが，それに関して，尾崎一郎助教授（北海道大学法学部）が法社会学視点からマンション管理問題を詳細に分析研究した論文を発表されており非常に参考になります。

筆者が読んだ論文は次の3つです。(1)「近隣騒音紛争の処理過程—法の拡大と限界をめぐって—」（国家学会雑誌104巻9・10号，有斐閣，1991年），(2)「都市の公共性と法—マンションにおける生活と管理—」（法学協会雑誌113巻9号～12号，有斐閣，1996年），(3)「都市的紛争と法」（岩波講座現代の法9『都市と法』岩波書店，1997年）。

第5章 マンション管理紛争を考えてみよう

次に,その概要を紹介しましょう。

(1) 「近隣騒音紛争の処理過程―法の拡大と限界をめぐって―」

これは,「主に都市における代表的な隣人訴訟である近隣騒音の処理過程を分析し,①それぞれの地域共同体において,その都市化に伴い,伝統的な秩序維持メカニズムや秩序原理が相当程度減滅,解体し,人々の争いが感情的かつ長期的なものになる傾向があること,②しかし,国家法システムや法原理が伝統的なものに代わる秩序維持メカニズム,秩序維持原理として定着しているわけではなく,それらは依然として,他にどうしようもなくなった時に,ごくまれに,嫌々,最後の手段として,外的観点から道具的・戦略的に採用されるものにとどまっていること,③したがって多くの場合,生活紛争は一方当事者の転居などによる事実上の終結に頼りがちなこと」(前掲「都市の公共性と法」113-9-62)を指摘しています。

「近隣騒音紛争の処理過程―法の拡大と限界をめぐって―」国家学会雑誌104巻9・10号(有斐閣)1991年

＜目次＞

序章　問題設定
　1　問題設定
　2　近隣騒音紛争の定義
　3　構成
第1章　近隣騒音紛争の特徴と法使用
　紛争発生
　紛争の諸特徴
　1　被害の主観性
　2　隣人関係の断絶・感情的対立(紛争のポイント)
　3　私的もめごと
　4　転居

（補論）紛争態様を規定する基本因子
　警察・役所の介入
　国家法システムへの持ち込み（法の拡大要求）
　1　社会的背景（社会秩序の法化）
　2　主観的意図
　第2章　近隣騒音紛争の法的処理
　　第1節　判決手続
　　1　実体法上の構成と判決実務（裁定）
　　2　問題の所在
　　3　形式的・合理的裁判における実質的正義の実現要求
　　第2節　実質的正義の実現パターン
　　1　裁判官の権限強化
　　2　訴訟上の和解
　　3　調停
　終章　結論

(2)　「都市の公共性と法―マンションにおける生活と管理―」

　これは，「現代の日本の都市の地域共同体の公共性の質がどのようなものであるか，すなわち公共的社会関係の現状はどのようなものであるか，もし本当に公共性自体が希薄化しているとしたら，その再生は可能なのか，国家法システムはそれにどう関わっているか，また関わるべきであるかという一般的な問いを，区分所有住宅，いわゆるマンションを素材として探求する。」（前掲「都市の公共性と法」113-9-63）。つまり，「一定の団体的制約が区分所有権に課されるという条件の下に区分所有（もしくは賃貸借）という機能的結合を基軸とした自治により良好な公共的社会関係が実現・維持される基盤は何か。その基盤を，現実の区分所有住宅，すなわちマンションの住民は有しているのか。そもそも，そこでの公共的社会関係は

どのような構造を有しているのか。また，自治による公的諸問題の処理はどのようになされているか。」(同上113-9-79) という問いのもとに横浜市郊外にある調査時点（1993年）で分譲後27年を経過した11棟320戸からなる団地を郵送調査法による調査票調査（回答率49.6％）と自由面接法（調査票回答者の内19.1％）による訪問面接調査等の実態調査の結果にもとづきながら，①現実のマンションに居住する人々が日常生活において行っている，親交的あるいは自治的相互コミュニケーションの態様・性質と，②公的諸問題をめぐって日常的平静さが壊れて混乱が発生した時の自治的問題処理過程の実態との，2つの過程を経験的に分析し，考察しています。

「都市の公共性と法—マンションにおける生活と管理—」法学協会雑誌113巻9号〜12号（有斐閣）1996年
＜目次＞
序章　問題設定
　第1節　一般的な問題意識
　第2節　区分所有法の規定と理念，および本論文の問い
　第3節　実態調査の対象と方法
　　1　対象
　　2　方法
第1章　居住者間の日常的コミュニケーション
　　　　—親交と自治—
　第1節　視角—公論形成的社会関係の実現—
　第2節　選択的親交
　第3節　管理に関する会話・情報の収集・意見表明
　第4節　日常の管理活動
　第5節　共同体への帰属感・共同体の公共性・生活規範
第2章　公的諸問題の自治的処理（混乱への対処）
　第1節　視角—対話・情報・合意—

        第2節　自治紛争（混乱）発生の背景
        第3節　混乱の収拾
          1　紛争の経緯
          2　理性的対話
          3　情報の共有
          4　合意
          5　小括
        補節　マンションの建て替え
      終章　結論と展望
        1　要約
        2　新しい公共性のために

(3) **『都市的紛争と法』**

　これは，前記論文(1)および(2)の内容をふまえて，現時点での著者の問題意識・思索を取り入れ，ある程度科学的厳密性を緩くして自由に概要を記述したものとなっています。都市的紛争として特に深刻な問題となりがちな居住者間の近隣紛争（①騒音紛争②マンション管理紛争）を取り上げ，さらに紛争解決のための法使用，法の限界および法の可能性を報告しています。

　　岩波講座現代の法9『都市と法』，1997.11.27
　　「都市的紛争と法」（尾崎一郎著，p.203〜228）
　　　＜目次＞
　　　1　都市の郊外型近隣紛争コミュニティ
　　　2　近隣コミュニティ内紛争
　　　　1　近隣騒音紛争
　　　　2　マンション管理紛争
　　　　3　警察官，市役所員，各種相談センターなどの介入
　　　3　法使用

4 法の限界
5 法の可能性
  1 理性的な対話
  2 due process

　以上概要を紹介した3論文は，マンション管理紛争の具体的な内容を（特に(2)は，膨大な参考文献およびアンケート等の実態調査の結果にもとづいて）法社会学的視点から詳しく分析されており，非常に参考になる内容を含んでいます。興味がある方はそれぞれの論文を直接読んでいただきたいのですが，(3)の論文は(1)および(2)の論文のエッセンスをまとめたもので，特にマンション管理紛争に関係した部分の記述では管理運営に関する痛烈な批判を含んでいますので，さらに具体的にその内容を以下で紹介しましょう。

●場当たり的業務になっていないか

　尾崎氏は，管理会社（理事会に対する批判も含んでいるが）に対して，次のような批判をしています。①管理会社は，ルーティン・ワークを中心とした業務に終始し，必ずしも積極的かつ長期的視野から問題を探知し解決しようと努力していない。②管理会社は，場当たり的に業務をこなすのみで，真に重要な業務は先送りしているだけである。

　しかし，はたしてそうなのか。筆者は尾崎氏の問題提起を真摯に受け止め，もしそうであるとしたならば，それでは管理会社として改善できることはないのか，その方法はないのか，真剣に反省し考えてみたいと思っています。

10 マンション管理に関する論文紹介

● **『都市的紛争と法』(概要)**

　先に述べたように本論文は，(1)および(2)の論文のエッセンスをまとめたものであり，非常によくまとまっています。そこで，変に要約を紹介することをやめて，以下ではほとんど(3)の論文をそのまま引用してみましょう。ただし，筆者により多少手を加え，アンダーラインで一部強調しています。

(1) ここで言う「都市的紛争」とは，いかなる種類の都市の領域にも共通に見られるような紛争のことではなく，高度成長期前後の大都市圏への一層の人口の集積とスプロール現象によって大量に発生した郊外型の「新しい社会」(新興住宅地群や団地・マンション群)でとくに深刻な問題となりがちな紛争を指している。具体的には居住者間の近隣紛争(騒音紛争やマンション管理紛争)を取り上げている。

(2) マンション等の「新しい社会」に於ける近隣コミュニティ

　1　住民間の相互コミュニケーションと規範意識・価値観について

　　① 学齢期の子供のいる家庭の専業主婦たちが比較的活発にPTAなどを通じた交流に参加しているのを除くと，多くの地域の成員間の交流は不活発である。また，子供を通じた交流も，子供の成長，巣立ちとともに衰退する傾向にある。

　　② 団地などの集合住宅でとくに顕著であるが，都市の匿名的居住者として近所付き合いを意図的に拒否する(ためにそこに居住している)一群の人たちがいる。

　　③ 住民間の親交の多くは，たまたま子供の学校や地元のサークル活動や自治会・管理組合活動などを通じて接点

第5章 マンション管理紛争を考えてみよう

を持ち，かつ気の合った者同士が（たまたま近くに住んでいる）友人として交際しているという，私的・選択的な関係としての性格が強い。逆に気が合わなければ近所でも全く没交渉であるという例も少なくない。

④ 住民間の親交は，始まるきっかけこそ近隣居住が寄与しているものの，その後は，地域性を喪失して，私的・選択的友人関係に収斂していくというのが一般的傾向である。

2 町内会・団地の管理組合などを通じた地域自治活動

① 活動に熱心な一部のメンバーを除く大半の住民が無関心であり，熱心なメンバーに人任せにしている。

② 無関心派の住民の心理においては，私的交際としての親交と自治活動とが切り離されて理解されており，親交的コミュニケーションの過程で自治についての情報交換や議論をすることはない。

③ そのため地域自治活動全体を活性化するような住民間の議論の場は成立せず，各住民は自治を私的利益に関わる範囲で個別かつ受動的に捉えて情報を入手したり個人的要求を提示したりしているという色彩が濃い。

3 居住者自身は，必ずしも自分が他の居住者と価値観や生活規範を共有しているとは思っていない。近隣コミュニティ内の他者との価値や規範の共有を最初から諦めている主観的態度が少なくともうかがえる。その一方で，他者を判断・評価する規準として，子供の学力＝偏差値と世帯の経済力という数値に還元しやすく一律に適用可能で価値中立的な物差しが多用されているという事実も存在する。

(3) マンション管理紛争［紛争の構造］

① 近隣騒音紛争がいわば1対1の隣人紛争の性格を帯びているのに対し，マンション管理紛争は分譲型マンションの区分所有者集団を巻き込んだ一種の集団紛争である。

② 年に1回管理組合総会を開いたりして形式的には自主管理を行っていても，一般の区分所有者は管理に対し無関心で，管理に関する意思決定や実行に関して，実質的に，理事会や，場合によっては（時として分譲開始当時から業務委託契約が設定されている）管理会社に一括委任している場合が多い。

③ 理事会や管理会社が駐車場契約の更新，年1度の補修，除草などのルーティン・ワークや，その時々の必要に応じた細かい意思決定をしたり，新しい修繕計画を策定したり，そのための情報を収集したり，個々の区分所有者から寄せられる苦情に対処したりと，管理に必要なほとんどのことをしており，理事以外の区分所有者は1年間の理事会や管理会社の活動に対して，管理組合総会で半盲目的に白紙委任状などを使って承認しているにすぎない。それらの区分所有者は管理に関する正確かつ十分な情報をほとんど持たず，受益者として自分の利益に関わる範囲で（たとえば自分の専用部分の改修工事が許されるかとか特定の動物を飼うことができるかとか駐車場をいつ利用できるようになるかとかいった範囲で）情報を入手したり要求を出したりしているにとどまる。

④ 定期的に区分所有者集団の中から選出される理事たちも，そうした一般区分所有者の受益者的・外部者的態度に対応して業務を一手に引き受けているが，熱心に業務に取り組む少数の人々を除くと，大量の雑務に追われつつ，重い責

任を負わされて,半ばいやいや義務感から仕事に当たっていることが多い。そして理事の職を解かれると,途端に一般区分所有者の一人に戻って管理への関心を失ってしまう。理事会は,一般区分所有者の管理への主体的参加を調達できず,彼らの個々の勝手な要求への対処に追われながら,義務的に職務を遂行している。

⑤ 管理会社も,利益に結びつかない個々の区分所有者からの要求への対処や,手間暇のかかる長期的な大規模修繕計画の策定はおざなりにすることが多い。

⑥ そもそも,管理会社は,複数のマンションの管理を同時に請け負っていることが普通でありそれぞれのマンションに割ける人的・時間的資源が限られている上に,マンション分譲時にできるだけ販売を容易にするため「管理費」を低額に抑える傾向があるために金銭的にもさほど余裕がないことから,概括的なルーティン・ワークを中心とした業務遂行で済ましがちである。

⑦ このような状況では,理事会や管理会社の業務遂行に対する区分所有者集団による心理的正当性の付与がなされにくく主体的な参加と監視が行われないので,往々にして理事会(の一部のメンバー)や管理会社による場当たり的業務遂行や不正が生まれやすい。

⑧ そもそも,理事会や管理会社がルーティン・ワークを中心に,必ずしも積極的にかつ長期的視野から問題を探知,解決しないままに管理を行っている一般的状態は,表面的な平静さにもかかわらず,決して真に良好な管理が実現していることを意味しない。なぜなら,一般の区分所有者が管理に対して関心を持たず,何が管理上重要な問題となっ

ているかについての情報や意識を共有しない一方で，理事会や管理会社は時間的，経済的，心理的コストから新しい問題や困難な問題に取り組むことには及び腰なので，定期的に大規模な修繕を要する建物の老朽化や，駐車場不足の深刻化や，自然環境の劣悪化といった大きな問題の発見と適切な処置が遅々として進まないからである。これらの問題は少しずつではあるが着実に悪化していくが，対策の方はえてして先送りされてしまう。そのため，気付いた時には，再生不能とさえ見える程までに建物の老朽化やスラム化が進んだり，修繕費用の蓄積がほとんどないまま大震災に見舞われて半壊したりといった事態が現実に起こっている。

⑨　管理紛争は，こうした問題の存在を一般区分所有者に知らしめ，何とか解決を図ろうとする理事会の登場によって一気に尖鋭化することが多い（もちろん例外はある）。多くの一般区分所有者は個々に管理状況に不満を持っていても，それを個人的不満を越えた公共的問題として他の区分所有者に提示することは稀である。その時々の理事会や管理会社に個人レベルで不満をぶつけるにとどまりがちである。

⑩　しかし，そもそも状況を悪化させてきたのは，他ならずそうした受益者的行動をとってきた区分所有者と，彼らの要求に場当たり的に対応してきた理事会や管理会社という構造であり，右のような不満の伝達はこの構造においてまたしても場当たり的，先送り的に処理されるのが関の山である。

⑪　これに対し，ある年度の理事長などが，何らかの理由によって問題状況に危機感を抱き，蓄積してきた問題の一挙

第5章　マンション管理紛争を考えてみよう

解決を図ろうとすることがある。たとえば，駐車場の二層化の計画を提示したり，大規模修繕を実行したりといった具合である。このような行動は，しかしただちに，元々当該問題に関心を持っている人たちや，計画実施に伴う金銭的負担に耐えられない人々（往々にして建物老朽化などが問題になるときには住民自身の老化と経済力の低下が進んでいることは，マンション問題の専門家がよく指摘するところである）からの激しい批判や反発を浴びることになる。

⑫　そうした批判や反発は，それまでよくわからないながらもまあうまくやってくれているだろうと概括的に満足して理事会や管理会社の業務に依存してきた一般区分所有者の，理事会の「独断専行」への不信感と皮肉にも結びついて，より一層強くなる。すなわち，あくまで悪いのは独断専行する理事会であり，一般住民はその被害者（かつては受益者だったにもかかわらず）であるという，またしても外部者的意識が，建設的な議論よりも感情的な反発に手を貸す。そして，しばしば当該理事会の業務方針に反対する一部の区分所有者が理事会に対する全体の不満を代表するような形で感情的対立が深刻化していく。

⑬　著者が調査したある団地では，駐車場の二層化や植栽管理，規約改正などをめぐって，問題の解決を図る各年度の理事会と，それに反発する一部住民との間の数年にわたる争いが続いた。そこでは，争いの中心メンバー間の感情的対立が顕著で，委員会の場での罵り合い，匿名ビラによる非難，苦情電話，人格的非難の応酬などが見られた。議論はほとんど噛み合わず，相互に相手の意図を曲解して，終わっている。他方で外部者的態度を取る多くの一般住民か

ら建設的な議論が出てきたわけでもなく,彼らは争いを遠くから見守っていただけである。その結果,理事会の提示したプランによる問題解決は実行されず(もちろん当該プランが妥当なものかどうかは別問題である),各年度の理事会メンバーの徒労感,主要アクター間の不信感,管理業務に関する混乱だけを残して,終わった。このような,管理紛争の仕方は,管理の混乱を経験した多くのマンションに見られるものである。

● **マンション管理問題処理の視角―対話・情報・合意 [法社会学的考察]**(尾崎一郎著「都市の公共性と法」参照)

(1) 区分所有法は,私的自治(規約自治)を原則としており,具体的な管理運営は,理事会・総会における多数決による民主主義を建前としている。この場合重要なのは,理事会・総会における「議論」である。しかし,総会を例にとれば,ほとんどの管理組合総会は,出席者は少なく,委任状によりかろうじて成り立っているのが現実である。総会の場で実りある議論が成立するための[条件]は何か。

そのためには,以下の①理性的対話,②情報の共有および③合意,の少なくとも3つが必要であろう。

[議論が成立するための条件]

① **理性的対話** これは,まさに,「理想的な議論状況」の最も基底的な要素として,参加者が討議・対話において互換的・対称的関係に立ち,一切の強制が排除された状況のもとで議論に自由かつ平等に参加する機会が各区分所有者に保障されているという条件の下に,各々独自の人生目標・利害関心をもち自

律的決定能力・責任能力のある人格として相互に承認・尊重しあうことである。マンション管理をめぐる問題では，各人が自由に意見を表明する機会を得ていること，そしてそこでなされる意見表明に対して他の住民等が真摯に耳をかたむけている，ということになろうか。

② **情報の共有**　これは，「理性的対話」が成立するための条件にかかわる。ここでは，マンション管理問題について，そもそも何が問題であるか，何が論点であるかについて住民間に，少なくとも暗黙の合意が存在することを意味すると同時に，そのような合意を住民がするのに必要な管理に関する情報を得ていることをも要求する。

③ **合意**　①および②の条件のもとで相互了解による合意の形成をめざして議論が遂行される場合，各区分所有者は，自由に意見を形成し表明する能力を持ち，相互作用的な説得によって納得がゆけばその意見を変更・修正する用意がなければならない。しかし，ここでは，議論参加者が合意をめざしていることがそもそも要請される。

(2) 以下は，ある団地管理組合の調査事例であるが，マンションにおける一般区分所有者の管理組合に関する情報の獲得の仕方と理事会に対する意見表明の仕方，および年に1回開かれる管理組合総会への臨み方をみると，マンション管理の現実は(1)の［条件］とは，大幅にずれている。結論から言えば，管理組合を自分の私的利益に関わる範囲で個別かつ受動的に捉えて理事会から概括的情報を得たり個人的要求をしたりしている（つまり公共性の配慮よりも私益の追求が優先されている）ということができる。

10 マンション管理に関する論文紹介

① 情報の獲得

・管理組合についての意思決定と実行を事実上単独で取り仕切っている理事会は，管理等に関する情報を，主として管理報と掲示板・回覧板により行っている。実際には掲示板・回覧板は地区の運動会など行事のお知らせが中心であり，重要な管理情報はほとんど管理報によって提供されている。

・しかし，より具体的な知識に関しては，必ずしもすべての住民が管理の現状を十分に把握しているわけではない。面接調査でも，駐車場の二層化，規約改正問題などについての知識の不正確な回答者が少なくなかった。

・その理由としては，管理報の紙面が限られているため細かい情報が割愛され理事会がまとめた内容だけが示される傾向があることもあるが，最大のものとしては，住民自身が必ずしも理事会から提供される情報を共同体全体にとって重要なものとしての強い関心の対象と見なしていないことがあると思われる。

・多くの住民は，理事会による管理の現状の概略を知る以上の関心は寄せておらず，主観的には管理をめぐる意思決定の主体としてではなく，理事会の活動に対する外部者・受益者として受動的に情報の提供を受けているようである。

② 理事会に対する意見表明

・理事会に対する意見表明も，共同体全体のあり方に対する配慮からではなく，私的関心から個別に要求を理事会に対して行っているという色彩が強い。

　(ア) 管理窓口の管理人に話す……管理人は，管理の状況を理事会で報告しているので，管理人に話すことで間接的に理事会に要望を伝えることができる。

　(イ) 投書箱・植栽ノートに投書する……投書箱・植栽ノートの

何れも，住民の意見を吸収することを目的として理事会が管理事務所に設置しているものであるが，現理事長によれば，実際になされている投書に特徴的なのは，匿名の投書が多くなされているということである。理事会に一方的に自己の要求を突きつけながら，自ら議論に参加して主張の根拠を明らかにすることは避け，あくまで理事会の尽力から受益のみしようとする住民の一般的態度が表れている。

(ウ) 理事長をはじめとする役員に話す……この方式も，すでに付き合いのある知り合いがたまたま役員になった機をとらえて私益に関わる要望を述べるというやり方にとどまっている。なお，関連するものとして，理事に対する苦情電話がある。詳しいことは分からないが，理事経験のある面接調査回答者の回答を総合すると，苦情電話は理事と対面することを避けながら一方的に非難の意を伝えるのに用いられる方法のようである。

(エ) アンケートや公聴会等で意見を述べる……理事会が特定の問題についてまれに実行するアンケート調査や公聴会の機会を利用して意見を述べることもある。

(オ) 理事会に直接出席して意見を述べる……これはきわめてまれなようである。

(カ) サークル等を通じて要望を出す……団地内サークルが理事会による補助金の増額を要望したりその他の要望を出したりすることがある。しかし，それも個人による私益の追求に類似した要望提出となっている。

以上のように，一般住民の理事会に対する意見表明，要望提出は，個人的利害に関わる範囲で受益者的立場からなされるものが中心となっており，管理組合をめぐる議論に主体的に関

わっていこうという性格は希薄である。

③ 管理組合総会に対する参加

・総会出席者は、前年度の役員と次年度の役員候補者数名と、意見を述べるために出席した若干名の一般住民（その若干名の一般住民も管理に高い関心を抱いている固定メンバーのようである）であり、他のほとんどの一般区分所有者は出席していない。理事を辞すると管理問題への関心が薄れ、総会への足も遠のいている。

・このように、全体として区分所有者の出席率が非常に低いため、被調査団地では、総会通知に議決権行使書を添付し、議案ごとに賛否の印を押した議決権行使書の事前提出をもって総会における議決権行使とみなす方式を採用して便宜としている。出席者以外は、事前にこの行使書を提出することになる。この方式は、住民が議案ごとに賛否を表明できるし、理事会による悪用の恐れが小さいということで、民間マンションに多い委任状方式よりも優れているという専門家の意見もある。

・しかし、議決権行使書の事前提出のような方式においても、関心度の低さから投票率を高める努力をしてもなかなか回答をもらえず、役員は苦労しているという現状である。

・また、議案の表題のほとんどが「承認について」となっていることが示すように、議決権行使は、区分所有者による「議論」の過程における意思の表明というよりは、理事会が立案提示した議案の承認という性格のものである。しかも、議案について、個々人が、管理報と議案から得た限られた情報を元に独自に判断して議決権を行使しているだけであり、多くの場合、住民はほとんどの議案に賛成票を投じている。

第5章 マンション管理紛争を考えてみよう

●マンション管理サービス商品の特性(参考)

1. 供給の地域集約化が難しい商品である。

　小規模のマンションが多く供給され,しかも,地域的に散在化しており,マンション管理企業単位での地域集約化が難しい。

2. 労働集約型とみられてきた商品である。

　管理員業務等が重視され,管理員非常駐型であることがマイナスイメージとして受け取られてきた。

3. ユーザーの意識の集約化の程度が問題となる商品である。

　管理に対する居住者の意識が多様であり,その集約化の作業が絶えず伴うと共に,常に集約化の程度(ものごとの決定のための合意形成)が問題となる。

4. 家計の外部経済化を必然とする商品である。

　一般に,設備管理や労務対策面などで,居住者の直接管理が難しく管理業者を利用することとなり,外部経済化が必然となる。

5. ユーザーとの共同性が不可欠の商品である。

　管理業者のはたらきかけが効果を上げるためには,居住者と管理業者が共通の土俵に立ち,受け手として居住者の行動も必要とする。

6. 品質を定量的に把握することが難しい商品である。

　人的対応の差や本社機能が果たす役割について,品質の比較基準を定めるのが難しく,居住者の意識もマチマチである。

7. 生産性が低い商品である。

　個々の家計を集団化するものであり,また,商品の価格決定に際し管理組合との協議を経るプロセスを踏むため,管理業者側のみで生産性の向上対策がとりにくい。

8. コスト管理が難しい商品である。

　居住者や管理組合が契約業務以外の対応業務を発生させる場合

があり，また，契約業務であっても対応の程度を一律化すること が難しく，そのコスト回収も難しい。
 9. 現場依存型とみられてきた商品である。
    居住者による管理員の善し悪しの判断で管理会社が評価される傾向にあり，特に，現場での問題解決型であることが最優先される。
10. 商品の均一化が難しい商品である。
    管理員・フロント職員の均質化が難しく，定形化した業務と定形化が難しい業務が混在する。
11. 収益上のスケールメリットが活かしにくい商品である。
    物件の散在化，管理対象の多様化等で受託件数の拡大が必ずしも収益上のメリットにつながらず，個別物件毎の対応が必要となりスケールメリットが活かしにくい。
12. 標準化・定形化が難しいと見られてきた商品である。
    常に，個別対応が必要とされているため標準化・定形化できる部分が少ないとみられてきた。
13. 新規参入がたやすいとみられてきた商品である。
    管理業の専門性が理解されないため，また，初期投資が少なくてすむとみられてきたため，新規参入がたやすいとみられてきた。
14. 量的・時間的な偏在のある商品である。
    定形化・定量化できない部分と個別対応が必要となることから，業務の平準化が難しい。
15. 買う意識が持たれない傾向のある商品である。
    マンション購入と管理サービスの購入とが同等の位置にあると理解されず，管理サービスは，常に，付随的なもので単独の商品とは理解されない傾向がある。
16. 現場に出向いて具体化する要素が多い商品である。

設備管理，清掃管理等の現場処理のほかに，対面サービスによる現場処理が重視されるため，集中・一括処理ができにくい要素が多い。
17. 差別化が難しい商品である。
　　定形化・定量化や品質の区分の設定が難しく（理解が得にくく），他社との差別化や自社の商品構成の多様が難しい。
18. 個人と団体の対応区分の理解が難しい商品である。
　　区分所有の法的理解が得にくく，また，専有・共用あるいは個人と団体の中間領域の問題が少なくない。
19. 複合した業務で構成された商品である。
　　多様な業務を内容とし，また，物的サービスと人的サービスの複合したものであり，さらに，個人と団体を対象としている点で複合化が際立っている。

Column 4

●（お隣り）音鳴りさんどうしのエチケット 1

お互いに音への気配りを——特に上下階の「生活騒音」に配慮を
マンションでは，音に関する苦情やトラブルが少なくありません。それぞれの住戸の壁・床そして天井を共有しています。上の階の音が下の階に響くだけでなく，下の階の音が上の階に伝わること，または隣接していない住戸であっても躯体音として離れた住戸へ伝わることもあります。お互いに音への気配りを心がけていきたいものです。

しかし，生活をしていくうえで，ある程度物音をたてるのは避けがたいことです。ごく小さな音さえたててはいけないということになると，マンションでは生活はできません。もちろん壁，天井，

カーペット等により左右されることですが，マンションでは通常ある程度の物音が上下・隣接の部屋に伝わるのは避けがたい面があります。

ごく日常の物音は，たとえそれが一部の居住者に不快感を与えたとしても，いわば「お互いさま」のことであって，我慢しなければなりません。反面，真夜中に大声を出すとか，ボリュームを上げてステレオをつけたりすることは，マンションという共同社会に住む者としてマナー違反となります。

お互い一人一人が快適な生活をしていくためにも「生活騒音」に対する気配りを心がけましょう。

〜以下のような点に留意して快適な生活環境を作りましょう〜
 フスマ・障子・ドア等を乱暴に開閉しない。
 深夜における話し声。
 テレビやステレオなどの音量。
 イス，机の移動などの音をともなう行為。
 子供がイス等から床に飛び降りて遊ばないように。
 小さなお子様のいる家庭や，大きな音をたてる可能性のある時などは，下階の方にあらかじめ挨拶しておくなどの気配りも大切です。

Column 5

● (お隣り) 音鳴りさんどうしのエチケット 2 「近隣騒音問題」

[問題] 近隣騒音問題発生の原因を述べた以下の文章の中で，不適切なものはどれか。

1. ある調査によると、眠ろうとするとき、目覚めたときに近隣からの音が気になる人が40%近くいる、との報告がある。つまり、寝室にいて寝る頃や起きる頃が、騒音を感じるピークなのである。音のうるささは決して音源の大きさのみに規定されているわけではない。
2. 近隣騒音問題は、騒音源の人が気づいているのかどうかも重要な問題である。もし、気づいていないならば、その騒音が小さくなることはほとんどありえない。戸建て住宅を対象に調査したものではあるが、ある家にとって非常に邪魔な音のうちの約60%が、音源側（隣の家）からは発生していない（外に漏れていない）と思われている、との報告がある。
3. 近隣騒音問題は、マンションでは上下階の騒音として発生することが多い。これは、マンションの構造上から上階から下階への被害というのが一般的であり、逆に下階から上階への被害というのは考えにくい。
4. 近隣騒音問題は、近所付き合いの良否で、同じ音でも感じ方が違う。音がうるさいと感じる割合は、知らない人だと騒音に感じる割合が高いが、顔見知りだと割合が下がるという調査報告がある。

[解説] 正解 3
1. ○ ある一部の人を除けば、普通のサラリーマンの生活リズムはほぼ類似している。自分が寝るときや起きるときにしている行動（の音）が、自分にとっては気にならなくても、他人にとっては寝入りばなの騒音、起床時間前の騒音になってしまうことが十分考えられる。他人と生活時間がずれている場合には、他人の睡眠時間である深夜・早朝に音を出さないようにするべきであることはいうまでもない。
2. ○ このように、出す側がそれなりに気にかけている音はそれほど邪魔な感じを与えていないという点から、気にすることがそ

れなりの防音につながっていると考えられる。また，出す側がまったく気にかけていない音が，相手にとって邪魔だと思われることがかなりある。自分が出していないと思っている音が他人にとって騒音になってしまうところに騒音問題のむずかしさがある。

3．×　必ずしもそうとは言い切れない。逆に下階から上階への被害というのもある。この場合，音を出している上階側が下階の住人から音が発生するたびに脅迫まがいの苦情を受けることもある。例えば，ピアノを弾きはじめたとたんに無言電話がくるとか，少し足音をたてただけで下の住人から竿のようなもので床をドンドンつつかれるといった例もある。この場合上階の住人は忍者的生活を強いられる。

4．○　これは「音には顔がある」と言われる点でもある。お互いに会話を交わすことで，お互いの生活パターンを知ることも大事である。例えば，下の住人が流通業界に勤めていて休みは水曜日であることがわかれば，その日の朝には洗濯をしないなどの配慮ができる。しかし，何よりも，もし騒音の件で苦情を言われた場合は，音を出している側はとにかく「すみません」と謝ることが大事である。この一言で音の大きさが変るわけではないが，このようなさりげないコミュニケーションが不要なあつれきをなくすこともある。

（加藤義明編『住みごこちの心理学』1991年，135〜139ページを参考に作成しました。）

第6章

マンション標準管理委託契約書の改訂概要について

第6章 マンション標準管理委託契約書の改訂概要について

1 マンション標準管理委託契約書が公表された

マンションの管理委託契約に係る標準的な管理委託契約書の指針としては、これまで昭和57年に住宅宅地審議会より答申された「中高層共同住宅標準管理委託契約書」が活用されてきました。その後約20年間、大幅な見直しは行われなかったのですが、平成15年4月に、中高層共同住宅標準管理委託契約書が改訂され、「マンション標準管理委託契約書」として公表されました。

【改訂された理由】

① マンション管理適正化法(以下「適正化法」という)が施行され、消費者保護等の観点から管理委託契約に関する様々な規定が定められたこと
② 中高層共同住宅標準管理委託契約書が通知されてから相当期間を経過し、その間に委託業務の範囲や処理方法等も多様化していること

2 委託業務全体の内容を理解しよう

管理組合がマンション管理業者に委託する業務は、①事務管理業務、②管理員業務、③清掃業務、④建物・設備管理業務の4つからなります。
さらに、その内訳は、次のように細区分されています。

■事務管理業務

事務管理業務は、管理組合がマンション管理業者に委託する業務

の中で最も重要なものです。これには，(1)《基幹事務》と(2)《基幹事務以外の事務管理業務》の2つがあります。

(1) **《基幹事務》**には，①管理組合の会計の収入・支出の調定，②管理組合の出納，③マンションの維持または修繕に関する企画または実施の調整の3つがあります。その具体的な業務を列挙すると次のとおりです。

① 管理組合の会計の収入・支出の調定　(a)収支予算案の素案の作成，(b)収支決算案の素案の作成，(c)収支状況の報告

② 管理組合の出納　(a)組合員が管理組合に納入する管理費，修繕積立金，専用使用料その他の金銭（管理費等）等の収納，(b)管理費等滞納者に対する督促，(c)通帳等の保管等，(d)管理組合の経費の支払い，(e)管理組合の会計に係る帳簿等の管理

③ マンションの維持または修繕に関する企画または実施の調整　(a)管理組合の大規模修繕の修繕周期，実施予定時期，工事概算費用，収支予想等を記載した長期修繕計画の作成，(b)管理組合がマンションの維持又は修繕（大規模修繕を除く修繕又は保守点検等）を外注によりマンション管理業者以外の業者に行わせる場合の企画または実施の調整

(2) **《基幹事務以外の事務管理業務》**には，①理事会支援業務（組合員等の名簿の整備，理事会の開催・運営支援，管理組合の契約事務の処理），②総会支援業務，③その他（各種点検・検査等にもとづく助言等，管理組合の各種検査等の報告・届出，図書等の保管）

■管理員業務

委託契約書は，管理員の勤務形態で最も多い「管理員通勤方式」を前提としています。その業務内容には，次のものがあります。

① 受付業務（居住者や外来者と対応しながら実施する業務）

② 点検業務（建物や設備に異常がないかどうかを点検する業務）

③ 立会業務（外注業者等の業務実施状況を監督する業務）
④ 報告連絡業務（日々の業務の実施結果を記録・報告する業務）

■清掃業務
①日常清掃と②特別清掃に分類されます。

■建物・設備管理業務
建物点検・検査，エレベーター設備点検・検査，給水設備点検・検査，浄化槽・排水設備点検・検査等，消防用設備等点検，機械式駐車場点検等

3 改訂のポイントはこれだ

(1) 適正化法との整合性を踏まえた改訂
　① 自動更新条項の削除
　② 財産の分別管理
　③ 事務管理業務を基幹事務と基幹事務以外の業務に区分
　④ マンション管理業者およびその使用人の守秘義務を明記
(2) 管理業務の範囲・内容の明確化を踏まえた改訂
　⑤ 委託業務費の内訳を明記
　⑥ 免責事項の整理・明確化
　⑦ 清掃業務，建物設備業務の内容をより詳細に規定
(3) その他所要の規定の整備
　⑧ 宅建業者へ提供すべき事項等の追加
　⑨ 当事者双方による任意解除権を規定
　⑩ 当事者双方の通知義務を整理
　⑪ マンション管理業者の破産等一定の事由における管理組合の解除権を規定

⑫　契約期間中における事情変更（法令改正等）に対応し，協議にもとづく契約変更を規定
(4)　コメントの充実
⑬　適正化法の趣旨の徹底，管理組合等が標準管理委託契約書を使いやすくするために，管理委託契約書，各条項の考え方を新設・補足
⑭　区分所有法改正（管理規約の電磁的記録化等関連）に関して記述
⑮　エレベーター設備の保守点検方式について，フルメンテナンス方式とPOG方式の違いを補足

【注意事項】
①　適正化法により，マンション管理業者は，管理組合と管理委託契約を締結した場合，管理組合の管理者等に対して，遅滞なく，管理委託契約の対象，管理事務の内容および実施方法，管理事務に要する費用およびその支払方法など，委託契約の内容を記載した書面を交付することが義務付けられました。この委託契約書は，適正化法73条に規定する「契約成立時の書面」として交付する場合の指針として作成したものです。
②　この委託契約書は，典型的な住居専用の単棟型マンションに共通する管理事務に関する標準的な契約内容を定めたものです。実際の委託契約書作成にあたっては，個々の状況や必要性に応じて内容の追加，修正を行いつつ活用されるべきものです。
③　この委託契約書では，適正化法2条6号に定める管理事務をマンション管理業者に委託する場合を想定しており，警備業法に定める警備業務，消防法に定める防火管理者が行う業務は，管理事務に含まれていません。

4 改訂のポイントを概説しよう

(1) 自動更新条項の削除

　従来の標準管理委託契約書（以下「旧委託契約書」という）では，契約期間が満了する際，管理組合，マンション管理業者のどちらからも更新の申出がない場合，管理委託契約は同一の条件を持って更新されるものとされていました。しかし，適正化法72条により，マンション管理業者は，管理委託契約を更新しようとするときは，あらかじめ重要事項説明を行わなければならないことになりました。自動更新条項を置くことは，この重要事項説明を形骸化するおそれがあるため，改訂後の標準管理委託契約書（以下「改訂委託契約書」という）21条では，契約更新の申し入れ時期を，規約期間満了の3カ月前までとするとともに，自動更新部分は削除されました（契約を更新するかどうかを3カ月前までに書面で申し入れるということであり，3カ月前までに重要事項説明をするという意味ではありません）。

(21条1項)
　管理組合又はマンション管理業者は，本契約を更新しようとする場合，本契約の有効期間が満了する日の三月前までに，その相手方に対し，書面をもって，その旨を申し出るものとする。

---

(2) 財産の分別管理

　適正化法76条では，マンション管理業者が，管理組合から委託を受けて管理する修繕積立金等の管理組合の財産について，一定の方

法により，マンション管理業者の固有財産と分別して管理しなければならないと定めています。旧委託契約書でも，修繕積立金等を管理する口座の名義を管理組合理事長名とするなど，一定の財産分別措置をとっていましたが，改訂委託契約書ではその趣旨を徹底し，通帳・印鑑の保管方式，収納方式等について詳細に規定されました。特に，収納方式については，「原則方式」「収納代行方式」「支払一任代行方式」の3通りの方式に分けて別表を作成しています。

【適正化法による財産の分別管理方式】

原則方式	収納代行方式	支払一任代行方式
(a)マンション管理業者名義の口座の禁止 (b)通帳と印鑑の同時保管の禁止	(a)マンション管理業者名義の口座［例外］ (b)通帳と印鑑の同時保管の禁止	(a)マンション管理業者名義の口座の禁止 (b)通帳と印鑑の同時保管［例外］
①管理費等の収納口座は，管理組合等名義 ②管理事務に必要な費用について，マンション管理業者は，支払の都度管理組合の承認を受けて，当該管理組合の口座から支払う。	①管理費等の収納口座は，マンション管理業者名義 ②マンション管理業者は，管理組合から委託を受けて，当該マンション管理業者の口座から管理事務に必要な経費を支払う。 ③修繕積立金については，マンション管理業者が収納してから一月以内に管理組合名義の口座に移し換える。 ④マンション管理業者が保証契約を締結	①管理費等の収納口座は，管理組合等名義 ②マンション管理業者は管理組合から委託を受けて，当該管理組合の口座から管理事務に必要な経費を支払う。 ③修繕積立金等については，収納してから一月以内に別の管理組合名義の口座に移し換える。 ④マンション管理業者が保証契約を締結

第6章 マンション標準管理委託契約書の改訂概要について

(3) 事務管理業務を基幹事務と基幹事務以外の業務に区分

適正化法2条では,マンション管理業者とはマンションの管理に関する事務のうち,基幹事務(①管理組合の会計の収入および支出の調定②出納③マンションの維持又は修繕に関する企画または実施の調整)を含む管理事務を,管理組合から委託を受けて業として行うものと定められました。このため,旧委託契約書で事務管理業務としてひとくくりにされていた業務について,改訂委託契約書では基幹事務に該当する部分と基幹事務以外の事務に該当する部分とに区分しています。

(4) マンション管理業者およびその使用人の守秘義務を明記

適正化法80条および87条の規定を受けて,改訂委託契約書16条でマンション管理業者およびその使用人の守秘義務を明記しました。(マンション管理業者およびその使用人の秘密保持義務違反は20万円以下の罰金ですが,マンション管理士の秘密保持義務違反は1年以下の懲役または30万円以下の罰金です。)

(16条)

　マンション管理業者及びマンション管理業者の従業員は,正当な理由がなく,管理事務に関して知り得た管理組合及び管理組合の組合員等の秘密を漏らしてはならない。この契約が終了した後においても,同様とする。

---

(5) 委託業務費の内訳を明記

旧委託契約書では委託業務費が一括表示だったため,その金額が適正か比較することも難しい状況であり,その内訳の開示を求める

管理組合の要望が多くありました。改訂委託契約書では、委託業務費についてその内訳を別紙で明記させることにより、管理組合にとって、提供されている管理サービスと委託費との関係を理解しやすくすることで、委託業務費を巡る無用なトラブルの防止を図るものとしています。

ただし、適正化法72条に基づき管理委託契約締結前に行う重要事項説明等の際に、マンション管理業者が管理組合に対して見積書等であらかじめ定額委託業務費の内訳を明示している場合であって、当事者間で合意しているときは、管理委託契約に定額委託業務費の内訳を記載しないことができます。

【内訳明示例1】
　一　事務管理業務費　　　　　　　　月額○○円
　二　管理員業務費　　　月額○○円
　三　清掃業務費　　　　月額○○円
　四　建物・設備管理業務費　月額○○円
　　ア　○○業務費　　　月額○○円
　　イ　○○業務費　　　月額○○円
　　ウ　○○業務費　　　月額○○円
　五　管理報酬　　　　　　　　　　　月額○○円
　　消費税等　　　　　　　　　　　　月額○○円

(6) 免責事項の整理・明確化

改訂委託契約書ではマンション管理業者の免責事項に関連する条文（8条、10条、11条、13条、17条）を見直し、その明確化を図っています。

> (17条)
>
> マンション管理業者は、管理組合又は管理組合の組合員等が、次に掲げる損害を受けたときは、その損害を賠償する責任を負わないものとする。
> ① 地震、台風、突風、集中豪雨、落雷、雪、噴火、ひょう、あられ等による損害(マンション管理業者の責めによらない場合に限る)。
> ② 火災、破裂、爆発、物の飛来若しくは落下又は衝突、犯罪等による損害(マンション管理業者の責めによらない場合に限る)。
> ③ マンション管理業者が善良なる管理者の注意義務をもって委託業務を行ったにもかかわらず生じた管理対象物の異常又は故障による損害
> ④ マンション管理業者が書面をもって注意喚起したにもかかわらず、管理組合が承認しなかった事項に起因する損害
> ⑤ 前各号に定めるもののほか、マンション管理者の責めに帰することができない事由による損害

(7) 清掃業務、建物設備業務の内容をより詳細に規定

清掃業務を「日常清掃」と「特別清掃」(定期清掃)に区分したうえで、清掃対象部分ごとに清掃仕様(例えば、ゴミ拾い・○回／○等)を具体的に記載しています。

建物設備業務では、「定期的外観点検等」をする箇所と「整備・修理及び法定点検等」(特殊建築物定期調査、建築設備定期検査、昇降機設備、消防設備等)をする箇所を区分し、さらに具体的な点検内容を列挙しています。

4 改訂のポイントを概説しよう

(8) 宅建業者へ提供すべき事項等の追加

　宅地建物取引業者が，マンションの区分所有者等から依頼を受けて，媒介等の業務を行うにあたり，宅地建物取引業法施行規則16条の2に定める事項についてマンション管理業者に確認を求めてくることがあります。改訂委託契約書14条では，宅地建物取引業法施行規則の定めにならって，宅地建物取引業者に提供すべき事項（専有部分を除く本マンションの修繕の実施状況等）の追加等を行っています。

(14条)
1．マンション管理業者は，宅地建物取引業者が，管理組合の組合員から，当該組合員が所有する専有部分の売却等の依頼を受け，その媒介等の業務のために管理規約の提供及び次の①～③に掲げる事項の開示を求めてきたときは，管理組合に代わって，当該宅地建物取引業者に対し，管理規約の写しを提供し，及び①～③に掲げる事項を書面をもって開示するものとする。
　① 当該組合員の負担に係る管理費及び修繕積立金等の月額並びに滞納額があるときはその額
　② 管理組合の修繕積立金総額
　③ 本マンション（専有部分を除く。）の修繕の実施状況
2．1の場合において，マンション管理業者は，当該組合員が管理費及び修繕積立金を滞納しているときは，管理組合に代わって，当該宅地建物取引業者に対し，その清算に関する必要な措置を求めることができるものとする。

---

(9) 当事者双方による任意解除権を規定

　管理委託契約は，委任契約としての性質を有するため，マンショ

ン管理業者または管理組合は,いつでも自由に管理委託契約を解除することができます。しかし,契約終了に伴う管理事務の引継ぎ等を合理的に行うのに必要な期間を考慮して改訂委託契約書19条では,3カ月前の通告が必要としています。

(19条)

　前条［契約の解除］の規定にかかわらず,管理組合及びマンション管理業者は,その相手方に対し,少なくとも三月前に書面で解約の申し入れを行うことにより,本契約を終了させることができる。

---

(10) 当事者双方の通知義務を整理

旧委託契約書では,変更があった場合,管理組合側の通知義務しか規定していませんでした。しかし,マンション管理業者側に変更があった場合も通知すべきであり,改訂委託契約書12条に双方の通知義務を明記しました。

(12条)
1. 管理組合及びマンション管理業者は,マンションにおいて滅失,き損,瑕疵等の事実を知った場合においては,速やかに,その状況を相手方に通知しなければならない。
2. 管理組合及びマンション管理業者は,次の各号に掲げる場合においては,速やかに,書面をもって,相手方に通知しなければならない。
　① 管理組合の役員又は組合員が変更したとき
　② 管理組合の組合員がその専有部分を第三者に貸与したとき
　③ マンション管理業者が商号又は住所を変更したとき
　④ マンション管理業者が合併又は会社分割したとき

> ⑤ マンション管理業者がマンション管理適正化法に規定に基づき処分を受けたとき
> ⑥ マンション管理業者が銀行の取引を停止されたとき，若しくは破産，会社更生，会社整理，民事再生申立てをしたとき，又はマンション管理業者が破産，会社更生，会社整理の申立てを受けたとき
> ⑦ マンション管理業者が合併又は破産以外の事由により解散したとき

(11) **マンション管理業者の破産等一定の事由における管理組合の解除権を規定**

マンション管理業者が破産等の状況に陥った場合の管理組合の解除権を明記しました。

(12) **契約期間中における事情変更（法令改正等）に対応し，協議に基づく契約変更を規定**

設備の維持管理に関する法令，消費税法等の税制等の制定又は改廃により，マンション管理業者の管理事務の内容や委託業務費の額の変更が必要となった場合について規定しました。

(13) **適正化法の趣旨の徹底，管理組合等が改訂委託契約書を使いやすくするために，管理委託契約書，各条項の考え方を新設・補足**

(14) **区分所有法改正（管理規約の電磁的記録化等関連）に関して記述**

管理規約が電磁的記録により作成されている場合には，記録された情報の内容を書面に表示して開示すること（改訂委託契約書14条

第6章 マンション標準管理委託契約書の改訂概要について

コメント)。

⒂ エレベーター設備の保守点検方式について，フルメンテナンス方式とPOG方式の違いを補足

エレベーター設備の保守契約には，POG契約とフルメンテナンス契約があります。POG契約では，定期検査および定期点検などでの消耗品の交換などはしますが，それ以外の部品取替えや修理は別途料金となります。一方，フルメンテナンス契約では，部品取替えから大規模修繕までを含んでいますが，本体交換，乗場扉・三方枠の塗装，意匠変更による改造等は含まれません。

具体の契約にあたっては，両方式の特性，金額等を明確化した上で，契約することが望ましいといえます。

※主な改訂ポイントのみ説明していますが，それ以外にも変更された箇所があります（委託契約書の全条文は24箇条ですので，必ず全条文へ目を通してください）。例えば，①管理員室等の使用に係る諸費用（水道光熱費，通信費，備品，消耗品等）の負担区分をより明確に規定（7条），②費用の事前承認規定の削除（適正化法により管理委託契約締結前に重要事項説明が義務づけられたことによる）（旧7条）。③管理事務を行うための管理会社の専有部分等への立入り（旧委託契約書では，専有部分等に「立ち入ることができる」となっていましたが，改訂委託契約書では「立入りを請求することができる」と規定）（13条），④管理委託契約書の記名・押印者として，甲（管理組合）および乙（マンション管理業者）の他に，管理業務主任者の欄を設けました（適正化法により新設）。

※本章は，国土交通省総合政策局不動産業課監修『マンション標準管理委託契約書の手引き』（大成出版社，2003年）を参考にさせていただきました。

Column 6

●区分所有者の団体の形態,性格,目的および目的の範囲の限界 (1998.2.27作成)

1. はじめに

　区分所有法では区分所有者の「団体」について定めているが,以下では「生ける法」(エールリッヒ)ともいうべき「標準管理規約」(平成9年2月)の規定及び解釈も参考としながら述べることにする。

2. 区分所有法3条が規定された意義

　区分所有法3条では「区分所有者は,全員で,建物並びにその敷地及び附属施設の管理を行うための団体を構成し,……」と規定している。この趣旨は,区分所有関係が生じたときに当然に団体ができるということであり,管理組合は設立の手続きなしに成立することになる。したがって,区分所有者はこの区分所有関係が存続する限り,管理組合からの脱退・除名は認められない。

　立法者の説明では,「この3条は,区分所有者が全員で団体を構成する旨を確認的に宣言したものである。」とされるが,この規定が置かれた実務上の意義は大きい。というのは,旧区分所有法においては,管理組合の結成にあたって少数の反対者が存在したり,意見対立を理由としての組合の脱退に対しては,本来,加入・未加入は任意と解されていただけに,法的にも,実務的にも何ら有効な対策を取りえなかったからである。

3. 団体の形態

　しかし,管理組合が実質的に機能するためには,業務執行機関として管理者(理事長)を置くことが必要であり,基本的なルールを定めた管理規約も必要になる。すなわち,この団体の運営のためには「集会」を開き,「規約」を定め,および「管理者」を置く必要がある。(但し,集会・規約・管理者の設置は任意。)したがって,法律上当然に成立する管理組合にも,実際は次の3つの形態が存在す

ることになる。
　① 単なる団体を構成しているにすぎないもの（潜在的管理組合）（集会・規約・管理者の置かれていない組合）
　② 管理組合が組織されているもの（顕在的管理組合）
　③ 管理組合法人

4．団体の性格
　3で述べた①～③の形態に対応して，その性格も①民法上の組合に類似した団体，②権利能力なき社団，③法人，に区分できる。
　不動産登記手続き等の必要性等から法人格を取得している管理組合もあるが，ほとんどの管理組合（約8割）が権利能力なき社団に該当するものと思われる。
　判例では権利能力なき社団の性格を次のように規定している。すなわち，「権利能力なき社団と言い得るためには，団体としての組織を備え，多数決の原則が行なわれ，構成員の変更にもかかわらず団体そのものが存続し，その組織において代表の方法，総会の運営，財産の管理その他団体としての主要な点が確定していることを要する」（最判S39.10.15）とされる。

5．団体の目的
　管理組合は「○○マンションの管理又は使用に関する事項等について定めることにより，区分所有者の共同の利益を増進し，良好な住環境を確保することを目的とする。」（標準管理規約1条）。つまり，管理組合は，①建物等の共有財産の維持保全および②共同生活の秩序維持を目的とした団体であり，住民の相互親睦を目的とした自治会（町内会）とは区別される。したがって，管理組合には，財産の持ち主としての区分所有者のみが加入できるのであり，持ち主ではない賃借人は管理組合の構成員にはなれない。

6．団体の目的の範囲の限界
　管理組合は，5で述べた目的のもとに運営される団体であり，この目的のためであれば，あらゆることを取り決めて実行できるよう

4 改訂のポイントを概説しよう

にも思われるが，その限界もある。一般的に区分所有者の権利を民法の共有規定から考えて，区分所有者の権利は共有持分権の積み重なったものであると構成する解釈もある。しかし，現在の区分所有法は単なる共有理論では説明できるものではなく，かなり「団体的性格」をもったものである。丸山教授は区分所有者の権利について，ドイツのベアーマンの説を参考にして「三位一体説」を主張しておられる。つまり，区分所有者の権利は，①区分所有権，②共有持分権及び③構成員権の3つからなると構成している。

このような解釈により，管理組合の「団体的性格」が強調され，管理組合で決議したことに区分所有者全員が拘束されることになる。①の区分所有権は制限された所有権とはいうものの，民法206条の使用・収益・処分の権利は当然に各区分所有者にある。しったがって，各区分所有者の権利の制限について，特にその使用制限については限界があることになる。具体的に言えば，(a)ペット条項，(b)フローリング等の専有部分の工事，(c)居住者の年齢制限等の憲法的自由権について，どこまで管理組合が制限できるのかという問題である。

(a)および(b)の件については，以前の昭和57年版標準管理規約が使用上の制限（所有権の制限）に関する重要な規定であるにもかかわらず，管理規約本文ではなく，単に使用細則のみで規定していたのを見直し，平成9年版標準規約では管理規約本文で明確に規定するように指導している。(c)の問題については，アメリカのコンドミニアムの研究で寺尾教授（東大）により検討されているが，わが国では，今後この件についても議論が活発になっていくものと思われる。この問題を検討するにあたっては，管理組合という団体が「民主的な小社会」または「地域社会」であるという視点から構成する必要があると考える。

> ●資料
> # マンションの管理の適正化に関する指針
> （平成13年8月）

　我が国におけるマンションは，土地利用の高度化の進展に伴い，職住近接という利便性や住空間の有効活用という機能性に対する積極的な評価，マンションの建設・購入に対する融資制度や税制の整備を背景に，都市部を中心に持家として定着し，重要な居住形態となっている。

　その一方で，一つの建物を多くの人が区分して所有するマンションは，各区分所有者等の共同生活に対する意識の相違，多様な価値観を持った区分所有者間の意思決定の難しさ，利用形態の混在による権利・利用関係の複雑さ，建物構造上の技術的判断の難しさなど，建物を維持管理していく上で，多くの課題を有している。

　特に，今後，建築後相当の年数を経たマンションが，急激に増大していくものと見込まれることから，これらに対して適切な修繕がなされないままに放置されると，老朽化したマンションは，区分所有者自らの居住環境の低下のみならず，ひいては周辺の住環境や都市環境の低下など，深刻な問題を引き起こす可能性がある。

　このような状況の中で，我が国における国民生活の安定向上と国民経済の健全な発展に寄与するためには，管理組合によるマンションの適正な管理が行われることが重要である。

　この指針は，このような認識の下に，管理組合によるマンションの管理の適正化を推進するため，必要な事項を定めるものである。

一　マンションの管理の適正化の基本的方向

　マンションは，今や我が国における重要な居住形態となり，その適切な管理は，マンションの区分所有者等だけでなく，社会的にも要請されているところである。

●資料　マンション管理の適正化に関する指針（平成13年8月）

　このようなマンションの重要性にかんがみ，マンションを社会的資産として，この資産価値をできる限り保全し，かつ，快適な居住環境が確保できるように，以下の点を踏まえつつ，マンションの管理を行うことを基本とするべきである。

1　マンションの管理の主体は，マンションの区分所有者等で構成される管理組合であり，管理組合は，マンションの区分所有者等の意見が十分に反映されるよう，また，長期的な見通しを持って，適正な運営を行うことが重要である。特に，その経理は，健全な会計を確保するよう，十分な配慮がなされる必要がある。また，第三者に管理事務を委託する場合は，その内容を十分に検討して契約を締結する必要がある。

2　管理組合を構成するマンションの区分所有者等は，管理組合の一員としての役割を十分認識して，管理組合の運営に関心を持ち，積極的に参加する等，その役割を適切に果たすよう努める必要がある。

3　マンションの管理は，専門的な知識を必要とすることが多いため，管理組合は，問題に応じ，マンション管理士等専門的知識を有する者の支援を得ながら，主体性をもって適切な対応をするよう心がけることが重要である。

4　マンションの管理の適正化を推進するため，国，地方公共団体及びマンション管理適正化推進センターは，その役割に応じ，必要な情報提供等を行うよう，支援体制を整備・強化することが必要である。

二　マンションの管理の適正化の推進のために管理組合が留意すべき基本的事項

1　管理組合の運営
　管理組合の自立的な運営は，マンションの区分所有者等の全員が参加

●資料 マンション管理の適正化に関する指針(平成13年8月)

し、その意見を反映することにより成り立つものである。そのため、管理組合の運営は、情報の開示、運営の透明化等、開かれた民主的なものとする必要がある。

また、集会は、管理組合の最高意思決定機関である。したがって、管理組合の管理者等は、その意思決定にあたっては、事前に必要な資料を整備し、集会において適切な判断が行われるよう配慮する必要がある。

管理組合の管理者等は、マンション管理の目的が達成できるように、法令等を遵守し、マンションの区分所有者等のため、誠実にその職務を執行する必要がある。

2 管理規約

管理規約は、マンション管理の最高自治規範であることから、その作成にあたっては、管理組合は、建物の区分所有等に関する法律に則り、「中高層共同住宅標準管理規約」を参考として、当該マンションの実態及びマンションの区分所有者等の意向を踏まえ、適切なものを作成し、必要に応じ、その改正を行うことが重要である。さらに、快適な居住環境を目指し、マンションの区分所有者等間のトラブルを未然に防止するために、使用細則等マンションの実態に即した具体的な住まい方のルールを定めておくことが肝要である。

管理規約又は使用細則等に違反する行為があった場合、管理組合の管理者等は、その是正のため、必要な勧告、指示等を行うとともに、法令等に則り、その是正又は排除を求める措置をとることが重要である。

3 共用部分の範囲及び管理費用の明確化

管理組合は、マンションの快適な居住環境を確保するため、あらかじめ、共用部分の範囲及び管理費用を明確にし、トラブルの未然防止を図ることが重要である。

特に、専有部分と共用部分の区分、専用使用部分と共用部分の管理及び駐車場の使用等に関してトラブルが生じることが多いことから、適正な利用と公平な負担が確保されるよう、各部分の範囲及びこれに対する

●資料 マンション管理の適正化に関する指針（平成13年8月）

マンションの区分所有者等の負担を明確に定めておくことが望ましい。

4 管理組合の経理

　管理組合がその機能を発揮するためには，その経済的基盤が確立されていることが重要である。このため，管理費及び特別修繕費等について必要な費用を徴収するとともに，これらの費目を明確に区分して経理を行い，適正に管理する必要がある。

　また，管理組合の管理者等は，必要な帳票類を作成してこれを保管するとともに，マンションの区分所有者等の請求があった時は，これを速やかに開示することにより，経理の透明性を確保する必要がある。

5 長期修繕計画の策定及び見直し等

　マンションの快適な居住環境を確保し，資産価値の維持・向上を図るためには，適時適切な維持修繕を行うことが重要である。特に，経年による劣化に対応するため，あらかじめ長期修繕計画を策定し，必要な修繕積立金を積み立てておくことが必要である。

　長期修繕計画の策定及び見直しにあたっては，必要に応じ，マンション管理士等専門的知識を有する者の意見を求め，また，あらかじめ建物診断等を行って，その計画を適切なものとするよう配慮する必要がある。

　長期修繕計画の実効性を確保するためには，修繕内容，資金計画を適正かつ明確に定め，それらをマンションの区分所有者等に十分周知させることが必要である。

　管理組合は，維持修繕を円滑かつ適切に実施するため，設計に関する図書等を保管することが重要である。また，この図書等について，マンションの区分所有者等の求めに応じ，適時閲覧できるように配慮することが望ましい。

　なお，建築後相当の年数を経たマンションにおいては，長期修繕計画の検討を行う際には，必要に応じ，建替えについても視野に入れて検討することが望ましい。建替えの検討にあたっては，その過程をマンションの区分所有者等に周知させるなど透明性に配慮しつつ，各区分所有者

●資料　マンション管理の適正化に関する指針（平成13年8月）

等の意向を十分把握し，合意形成を図りながら進めることが必要である。

6　その他配慮すべき事項

　マンションが団地を構成する場合には，各棟固有の事情を踏まえながら，全棟の連携をとって，全体としての適切な管理がなされるように配慮することが重要である。

　また，複合用途型マンションにあっては，住宅部分と非住宅部分との利害の調整を図り，その管理，費用負担等について適切な配慮をすることが重要である。

三　マンションの管理の適正化の推進のためにマンションの区分所有者等が留意すべき基本的事項等

　マンションを購入しようとする者は，マンションの管理の重要性を十分認識し，売買契約だけでなく，管理規約，使用細則，管理委託契約，長期修繕計画等管理に関する事項に十分に留意する必要がある。

　また，マンションの区分所有者等は，マンションの居住形態が戸建てのものとは異なり，相隣関係等に配慮を要する住まい方であることを十分に認識し，その上で，マンションの快適かつ適正な利用と資産価値の維持を図るため，管理組合の一員として，進んで，集会その他の管理組合の管理運営に参加するとともに，定められた管理規約，集会の決議等を遵守する必要がある。そのためにも，マンションの区分所有者等は，マンションの管理に関する法律等に関する理解を深める必要がある。

　専有部分の賃借人等の占有者は，建物又はその敷地若しくは附属施設の使用方法につき，マンションの区分所有者等が管理規約又は集会の決議に基づいて負う義務と同一の義務を負うことに十分に留意することが重要である。

●資料 マンション管理の適正化に関する指針(平成13年8月)

四 マンションの管理の適正化の推進のための管理委託に関する基本的事項

　管理組合は,マンションの管理の主体は管理組合自身であることを認識したうえで,管理事務の全部又は一部を第三者に委託しようとする場合は,その委託内容を十分に検討し,書面をもって管理委託契約を締結することが重要である。

　なお,管理委託契約先を選定する場合には,管理組合の管理者等は,事前に必要な資料を収集し,マンションの区分所有者等にその情報を公開するとともに,マンション管理業者の行う説明会を活用し,適正な選定がなされるように努める必要がある。

　また,管理委託契約先が選定されたときは,管理組合の管理者等は,当該契約内容を周知するとともに,マンション管理業者の行う管理事務の報告等を活用し,管理事務の適正化が図られるよう努める必要がある。

　万一,マンション管理業者の業務に関して問題が生じた場合には,管理組合は,当該マンション管理業者にその解決を求めるとともに,必要に応じ,マンション管理業者の所属する団体にその解決を求める等の措置を講じることが必要である。

五 マンション管理士制度の普及と活用について

　マンションの管理は,専門的な知識を要する事項が多いため,国,地方公共団体及びマンション管理適正化推進センターは,マンション管理士制度が早期に定着し,広く利用されることとなるよう,その普及のために必要な啓発を行い,マンション管理士に関する情報提供に努める必要がある。

　なお,管理組合の管理者等は,マンションの管理の適正化を図るため,必要に応じ,マンション管理士等専門的知識を有する者の知見の活用を考慮することが重要である。

●資料　マンション管理の適正化に関する指針（平成13年8月）

六　国，地方公共団体及びマンション管理適正化推進センターの支援

　マンションの管理の適正化を推進するためには，「中高層共同住宅標準管理規約」をはじめ必要な情報・資料の提供，技術的支援等が不可欠である。

　このため，国及び地方公共団体は，必要に応じ，マンションの実態の調査及び把握に努め，マンションに関する情報・資料の提供について，その充実を図るとともに，特に，地方公共団体，マンション管理適正化推進センター，マンション管理士等の関係者が相互に連携をとり，管理組合の管理者等の相談に応じられるネットワークの整備が重要である。

　さらに，地方公共団体は，マンション管理士等専門的知識を有する者や経験豊かで地元の実情に精通し，マンションの区分所有者等から信頼される者等の協力を得て，マンションに係る相談体制の充実を図るよう努める必要がある。

　マンション管理適正化推進センターにおいては，関係機関及び関係団体との連携を密にし，管理組合の管理者等に対する積極的な情報・資料の提供を行う等，管理適正化業務を適正かつ確実に実施する必要がある。

以上

【著者紹介】

山畑　哲世（やまばた　てつよ）

1958年（昭和33年）鹿児島県奄美大島群島・加計呂麻島に生まれる。
1981年（昭和56年）創価大学法学部卒業
管理会社日本ハウズィング(株)，大和ハウス工業(株)を経て，現在フジ住宅(株)（東証・大証二部上場）に勤務。

[主要著書]
- 『マンション管理法入門』（信山社，1998年）
- 『マンション管理法セミナー』（信山社，2001年）
- 『マンション管理士必携』共著，（不磨書房，2001年）
- 『マンション管理士・管理業務主任者完全攻略──予想問題＋項目別整理集』共著，（東京法経学院出版，2001年）
- 『マンション管理士PLUS管理業務主任者　完全攻略SP④マンション管理の実務』（東京法経学院出版，2002年）
- 『〈過去問〉で学ぶ実務区分所有法』（不磨書房，2002年）
- 『マンション管理　上級論点大全』共著（マンション管理新聞社，2002年）
- 「平井宜雄教授の『反論可能性テーゼ』について」（「ポパーレター」Vol.10, No.1　1998年5月号）

[所属団体・資格等]
管理業務主任者，マンション管理士，区分所有管理士，宅地建物取引主任者，日本マンション学会会員，日本ポパー哲学研究会会員

マンション管理は幻想か

2004年4月26日　第1版第1刷発行

Ⓒ著者　山　畑　哲　世

発　行　不　磨　書　房
〒113-0033 東京都文京区本郷6-2-9-302
TEL 03-3813-7199／FAX 03-3813-7104

発　売　㈱信　山　社
〒113-0033 東京都文京区本郷6-2-9-102
TEL 03-3818-1019／FAX 03-3818-0344

制　作　編集工房ＩＮＡＢＡ

Printed in Japan 2004　　印刷・製本／松澤印刷

ISBN4-7972-9099-4 C3332

不磨書房

◆ ファンダメンタル　法学講座 ◆

民　　法　〈民法　全5巻　刊行予定〉

1 総則　草野元己(関西学院大学)／岸上晴志(中京大学)／中山知己(桐蔭横浜大学)　9242-3
　　　　　清原泰司(桃山学院大学)／鹿野菜穂子(立命館大学)　本体 2,800 円 (税別)

2 物権　清原泰司／岸上晴志／中山知己／鹿野菜穂子　9243-1
　　　　　草野元己／鶴井俊吉(駒澤大学)　★近刊

商　　法　〈商法　全3巻　刊行予定〉

1 総則・商行為法　9234-2　　定価：本体 2,800 円 (税別)

　今泉邦子(鞆山大学)／受川環大(国士舘大学)／酒巻俊之(日本大学)／永田均(青森中央学院大学)
　中村信男(早稲田大学)／増尾均(松商学園短期大学)／松岡啓祐(専修大学)

民 事 訴 訟 法　9249-0　　定価：本体 2,800 円 (税別)

　中山幸二(明治大学)／小松良正(駒澤大学)／近藤隆司(白鷗大学)／山本研(国士舘大学)

国　際　法　9257-1　　定価：本体 2,800 円 (税別)

　水上千之(明治学院大学)／臼杵知史(同志社大学)／吉井淳(明治学院大学) 編
　山本良(埼玉大学)／吉田脩(筑波大学)／高村ゆかり(静岡大学)／高田映(東海大学)
　加藤信行(北海学園大学)／池島大策(同志社女子大学)／熊谷卓(新潟国際情報大学)

――――― 導入対話 シリーズ ―――――

導入対話による民法講義（総則）【新版】　9070-6　■ 2,900 円 (税別)

導入対話による民法講義（物権法）【新版】　9104-4　■ 2,900 円 (税別)

導入対話による民法講義（債権総論）　9213-X　■ 2,600 円 (税別)

導入対話による刑法講義（総論）【第2版】　9083-8　■ 2,800 円 (税別)

導入対話による刑法講義（各論）　★近刊　9262-8　予価 2,800 円 (税別)

導入対話による刑事政策講義　土井政和ほか　9218-0　予価 2,800 円 (税別)

導入対話による商法講義（総則・商行為法）【第2版】　9084-6　■ 2,800 円 (税別)

導入対話による国際法講義【第2版】　廣部・荒木　9091-9　■ 3,200 円 (税別)

導入対話による医事法講義　佐藤司ほか　9269-5　■ 2,700 円 (税別)

導入対話によるジェンダー法学　浅倉むつ子監修　9268-7　■ 2,400 円 (税別)

ADRの基本的視座
◇ADR基本法へのパースペクティブ◇

早川吉尚（立教大学）／山田文（京都大学）／濱野亮（立教大学）編著◆
長谷部由起子（学習院大学）／高橋裕（神戸大学）／谷口安平（東京経済大学）
小島武司（中央大学）／垣内秀介（東京大学）／和田仁孝（早稲田大学）
中村芳彦（弁護士）　9298-9　　　　　　　　　　　　　　　　[近刊]

損害賠償法　橋本恭宏 著（中京大学）
◇フロム・ナウシリーズ◇　　9283-0　　■本体 2,000 円（税別）

民法総則　Step Up シリーズ　9235-0
尾島茂樹（金沢大学）／関 武志（青山学院大学）
野澤正充（立教大学）／渡辺達徳（中央大学）　　■本体 2,500 円（税別）

憲法　ポイントを押さえた分りやすい基本書
工藤達朗（中央大学法科大学院）／畑尻剛（中央大学）
橋本基弘（中央大学）　　9090-0　　■ 2,900 円（税別）

刑事訴訟法講義　渡辺咲子 著（明治学院大学）
基礎と実務を具体的に学ぶ　9078-7　　■ 本体 3,400 円（税別）

刑法総論　小松 進 著（大東文化大学）
　　　　　　　　　　　9079-X　　■ 本体 2,200 円（税別）

講義 国際組織入門　家 正治（姫路獨協大学）編著
城山正幸（高岡法科大学）／戸田五郎（京都産業大学）／
山形英郎（立命館大学）／中井伊都子（甲南大学）／
末吉洋文（帝塚山大学）／西村智朗（三重大学）　■ 本体 2,900 円

不磨書房

◆ 法学検定試験を受けよう！　　　　　　　（定価は税別）

ワークスタディ刑法総論　1,800円
ワークスタディ刑法各論　2,200円

島岡まな編／北村佳世子／末道康之／松原芳博ほか

ワークスタディ商法（会社法）

石山卓磨編／中村信男／土井勝久／松岡啓祐ほか　2,400円

ケイスメソッド 民　法 Ⅰ 総則　2,000円
ケイスメソッド 民　法 Ⅱ 物権法　2,400円

上條醇／工藤農／舘幸嗣／湯川益英／大窪久代ほか

◆　市民カレッジ　シリーズ　◆

1　知っておきたい **市民社会の法**
　　金子 晃 （慶應義塾大学名誉教授） 編　　■ 2,400円 (税別)

2　市民社会における **紛争解決と法**
　　宗田親彦 （弁護士） 編　　■ 2,500円 (税別)

3　市民社会における **行　政　と　法**
　　園部逸夫 （弁護士） 編　　■ 2,400円 (税別)

4　**市民社会 と 公益学**
　　小松隆二・公益学研究会 編　　■ 2,500円 (税別)

不磨書房

不磨書房

戒能民江 著（お茶の水女子大学教授）　　**山川菊栄賞受賞**
ドメスティック・バイオレンス　本体 3,200 円（税別）

導入対話による ジェンダー法学　　**浅倉むつ子 監修**
（早稲田大学法科大学院教授）

戒能民江・阿部浩己・武田万里子ほか　　9268-7　■ **2,400** 円（税別）

キャサリン・マッキノン／ポルノ・買春問題研究会編
マッキノンと語る　◆ポルノグラフィと売買春
性差別と人権侵害、その闘いと実践の中から　　9064-1　四六変　■ **1,500** 円（税別）

横田洋三著（中央大学法科大学院教授／国連大学学長特別顧問）
日本の人権／世界の人権　9299-7　四六変　■ **1,600** 円（税別）

◆女性執筆陣による法学へのいざない◆
Invitation 法学入門【新版】　9082-x　■ **2,800** 円（税別）

岡上雅美（筑波大学）／門広乃里子（國學院大学）／船尾章子（神戸市立外国語大学）

降矢順子（玉川大学）／松田聰子（桃山学院大学）／田村陽子（山形大学）

これからの 家族の法（2分冊）　**奥山恭子 著**（横浜市立大学教授）
1　親族法編 9233-4　　**2　相続法編** 9296-2　　■各巻 **1,600** 円（税別）

法 学 講 義〔第2版〕　**新里光代** 編著（北海道教育大学名誉教授）

篠田優（北海道教育大学旭川校）／浅利祐一（同釧路校）／寺島壽一（同札幌校）

永盛恒男（函館大学）／土井勝久（札幌大学）　9086-2　■ **2,600**円（税別）

高齢者居住法 ●高齢者の住まい ここが知りたい

丸山英氣 編著／本田純一／上原由起夫／吉田修平／矢田尚子

小賀野晶一／小川富由／國分隆之　　　本体：2,400 円（税別）

◆マンション管理士試験受験者に　　　　山畑哲世著

〈過去問〉で学ぶ **実務区分所有法** 2,200 円
マンション管理法セミナー 2,222 円
マンション管理法入門　　　　3,600 円

マンション管理士必携 〈予想問題と法規集〉

岡﨑泰造　編／新井泉太朗・天海義彦

澤田博一・山畑哲世　　　　本体：1,800 円（税別）

マンション学　　　日本マンション学会誌

第 14 号　特集：マンション建替え円滑化法に期待するもの
第 15 号　特集：福岡大会（メインシンポ：建替え円滑化法）
第 16 号　特集：マンションとＮＰＯ
第 17 号　特集：利用権概念の再検討
第 18 号　特集：横浜大会　　　　　　　各 3,000 円（税別）

不磨書房／信山社